名师名校名校长

凝聚名师共识
回应名师关怀
打造名师品牌
培育名师群体

小学资源教室
课程开发与实施实践

王 玲 / 主编

中国出版集团　现代出版社

图书在版编目（CIP）数据

小学资源教室课程开发与实施实践 / 王玲主编. —
北京 ：现代出版社，2024.3
　　ISBN 978-7-5231-0778-2

　　Ⅰ．①小… Ⅱ．①王… Ⅲ．①课堂教学－教学研究－
小学 Ⅳ．①G622.421

中国国家版本馆CIP数据核字(2024)第048330号

小学资源教室课程开发与实施实践

主　编　　王　玲

出 版 人　　乔先彪
责任编辑　　刘　刚
责任印制　　贾子珍
出版发行　　现代出版社
地　　址　　北京市安定门外安华里504号
邮政编码　　100011
电　　话　　(010) 64267325
传　　真　　(010) 64245264
网　　址　　www.1980xd.com
印　　刷　　北京政采印刷服务有限公司
开　　本　　710mm×1000mm　1/16
印　　张　　14.75
字　　数　　239千字
版　　次　　2024年3月第1版　2024年3月第1次印刷
书　　号　　ISBN 978-7-5231-0778-2
定　　价　　58.00元

编 委 会

序 言

　　成都市双流区于2007年开展了随班就读实验工作，从2015年至2017年开展了国家级特殊教育（随班就读）改革试验工作，区域"1+5+N"（1个特教资源中心为龙头，5个普通学校二级资源教室为骨干，N个普通学校三级资源教室为主体）三层级融合教育支持保障体系，作为典型案例写入《〈国家中长期教育改革和发展规划纲要（2010—2020年）〉中期评估特殊教育专题评估报告》，双流特教发展经验也受到了各级专家、国内外同行的高度赞誉，并先后两次在教育部官方网站推广。

　　近年来，我们不断完善区域随班就读支持保障体系，深化区域融合教育物理环境、社会环境和融合教育课程建设。通过对资源教师、随班就读教师（以下简称"随读教师"）的培养培训，以及巡回指导教师的现场融合支持，区域随班就读师资的融合教育技能显著提升，具体表现在以下三个方面：一是建设好物理环境让特殊需要学生能无障碍地到达学校的各室；二是积极营造良好的融合教育氛围，促进特殊需要学生与普通学生的社会性融合；三是逐渐聚焦融合教育的最高层次——融合课程，基于融合教育学生的学业学习现状积极开展融合教育学科课程调整实践，以帮助融合教育特殊教育需要学生能积极参与学科课程的学习，切实提高他们的学科学习成效。

　　目前，融合教育特殊需要学生的差异性越来越大，障碍程度也越来越重，教师面临的挑战越来越大，有很多特殊需要孩子的需求仅在融合班级是无法得到有效支持和满足的，因此，作为普通教育与特殊教育联结的桥梁——资源教室的专业支持是不可或缺的。要发挥资源教室的专业支持功能，提升资源教师的支持力是新时期区域融合教育高质量发展面临的重点问题。基于此，我们立足成都市双流区融合教育特殊教育需要学生发展需求，并融合教育学校实际，开展了资源教室课程开发与实施的实践探索，旨在为区域资源教室提供一系列可借鉴、可操作的资源教室课程开发与实施实例。

历时多年的实践探索，我们构建了资源教室学科支持类、康复类、生活类、心理支持类四类课程，同时在学科支持类课程板块开发了语文学科补救之识字课程、数学学科补救之数概念与数运算课程，在康复类课程板块开发了感觉统合训练课程、注意力训练课程和社交沟通课程，在生活类课程板块开发了生活适应课程、劳动技能课程，在心理支持类课程中针对融合教育特殊需要学生的心理特点开发了心理辅导课程，共计八个具体课程。

本书主要内容由成都市王玲名师工作室的成员和成都市双流区部分融合学校资源教师共同完成。本书共分为七章，由理论基础和实践案例共同构成。第一章为资源教室课程概述，第二章为资源教室课程建设流程，第三章为资源教室学科支持类课程，第四章为资源教室康复类课程，第五章为资源教室生活类课程，第六章为资源教室心理支持类课程，第七章为资源教室课程评价实践。

本书的出版旨在将成都市双流区的资源教室课程开发与实施的成果进行梳理，为广大资源教师提供资源教室课程开发与实施的实践案例，促进融合教育同行间的交流，希望得到同行反馈，能不断深化资源教室课程开发与实施，提高资源教室支持力。

本书在撰写过程中得到了四川师范大学特殊教育系副教授彭燕博士、成都大学特殊教育系主任莫春梅博士的多次指导，特此致谢！

王 玲

2023年8月

目 录

第一章

资源教室课程概述

资源教室是普通教育和特殊教育相互沟通、融合的桥梁之一，是融合教育重要的支持保障体系。融合教育特殊需要学生是资源教室支持最多的服务对象。成都市双流区积极响应国家特殊教育二期提升计划中的"全面推进融合教育"的要求，在区域公办义务段学校均建立了资源教室。在高质量推进融合教育发展的目标指引下，我们聚焦融合教育课程，不断深化融合教育学科课程支持，同时立足融合教育学生发展需求，积极开展资源教室课程开发与实施的实践探索。

第一节　资源教室课程开发背景

一、资源教室课程是融合教育高质量发展的保障

（一）融合教育是国际国内教育改革发展的需求

国际特殊教育的基本发展趋势越来越走向融合，融合教育（我国称为"随班就读"）是保障残疾儿童少年平等接受义务教育的重要途径，是提高社会文明水平的重要体现。融合教育能带来改变，因为只有不同的孩子在一起，孩子们才能理解人与人的不同，才能考虑到不同的人有不同的需求，才能更好地彼此对话。在两期特殊教育提升计划中，一期提出：全面推进全纳教育，使每一个残疾孩子都能接受合适的教育；二期强调：加强随班就读支持保障体系建设。2017年修订的《残疾人教育条例》要求：积极推进融合教育（随班就读）工作。《中国教育现代化2035》明确要求：推进适龄残疾儿童少年教育覆盖面，全面推进融合教育。《教育部关于加强残疾儿童少年义务教育阶段随班就读工作的指导意见》指出：要将随班就读纳入当地普及义务教育的整体工作中，统筹谋划，一体推进，实现应随尽随并不断提升随班就读质量。《"十四五"特殊教育发展提升行动计划》指出：压实义务教育阶段普通学校接收残疾儿童随班就读工作责任，建立健全学校随班就读工作长效机制，确保适龄残疾儿童应随尽随、就近就便优先入学。

（二）融合教育发展由"普及推进"到"质量提升"的需求

21世纪初期，我国为提升适龄残疾儿童少年入学率，提出了"推进"与"加快"特殊教育发展，随班就读成为扩大残疾儿童少年入学率的安置形式。在两期特殊教育提升计划中，一期指出：扩大普通学校随班就读规模，尽可能在普通学校安排残疾学生随班就读，加强特殊教育资源教室、无障碍设施等建设，为残疾学生提供必要的学习和生活便利；二期强调：全面实施个别化教

育。《教育部关于加强残疾儿童少年义务教育阶段随班就读工作的指导意见》明确规定：对接收5名以上残疾学生随班就读的学校应当设立专门的资源教室。坚持科学评估、应随尽随，坚持尊重差异、因材施教，坚持普特融合、提升质量，实现特殊教育公平而有质量发展，促进残疾儿童少年更好融入社会生活。教育部相关领导在"中国教育学会特殊教育分会2021年学术年会"上指出：特殊教育的发展越来越强调尊重残疾学生的个体差异和促进他们的个性化发展。融合教育不再是只关注让残疾儿童少年能进入普通学校就读，而是更关注融合的质量。2022年2月，《"十四五"特殊教育发展提升行动计划》基本原则指出：坚持尊重差异、多元融合。尊重残疾儿童青少年身心发展特点和个体差异，做到因材施教，实现适宜发展，让残疾儿童青少年和普通儿童青少年在融合环境中相互理解尊重、共同成长进步。

二、资源教室课程是区域融合教育发展的现实需求

从2007年至2022年，成都市双流区特殊教育资源中心通过课题引领、分片试点、"国改区"实验等项目任务推动了区域融合教育发展，形成了一系列双流方案、双流经验和双流成果，尽管如此，成都市双流区仍然面临区域融合教育质量提升的挑战。究竟是哪些问题阻碍了区域融合教育的质量持续提升？对此，相关研究人员结合巡回指导实践进行了相关因素分析，就影响随班就读学生学业表现及特殊需求满足的因素设计了《普通小学融合教育特殊教育需要学生在校学习发展现况调查问卷》和《普通小学资源教室课程设置与实施调查问卷》。前者围绕随班就读学生的障碍类别、学科学习情况、课程调整情况、课堂行为与表现、考试评价、人际互动六个方面编制，旨在了解小学融合教育特殊教育需要（以下简称"特需学生"）在校学习发展的真实情况，分析特殊需要学生在学习发展上存在的困难，以便提供有针对性的服务；后者围绕资源教室学生类别、已开设课程、授课形式、执教教师、课时量及时长、存在的困难、考核方式、成效等方面设计，旨在了解区域融合小学资源教室课程设置与实施情况。问卷部分调查结果如下。

（一）普通小学融合教育特殊教育需要学生在校学习发展现况不佳

调查发现，在语文学科的集体课教学中，能完成80%及以上学习目标的特需学生仅占13.3%，学习目标完成率低。在数学学科的集体课教学中，能理解

80%及以上教学内容的特需学生仅占15%，学生对数学内容的理解受限。

特需学生在课堂中注意力维持时间总体较短，75%的学生注意力仅能维持10分钟左右，其中，有10%的学生注意力完全无法维持。

（二）区域资源教室课程主要存在的困难

区域资源教室课程以语文/数学学科补救、感觉统合训练、绘本阅读、语言训练、生活与社会适应、兴趣特长课程居多。区域普通小学在开展资源教室课程时，主要存在以下困难：①教师工作任务繁重，课程设置缺乏科学指导，无系统的课程内容；②师资严重不足，专职教师少，资源教师经验不足，缺乏专业知识，专业性亟待提高。

如何提高资源教室课程的支持效能是制约区域融合教育质量提升的关键，因此加强小学资源教室课程建设迫在眉睫。

三、融合教育特需学生发展需要资源教室课程支持

（一）什么是特殊需要学生

联合国教科文组织在《特殊需要教育行动纲领》中指出：特殊需要学生是指一切身体的、智力的、社会的、情感的、语言的或其他的任何特殊教育需要的儿童和青年，这就包括残疾儿童与天才儿童、流浪儿童与童工、偏远地区或游牧人口的儿童、语言或种族或文化方面属少数民族的儿童，以及来自其他不利处境或边际区域或群体的儿童。

特殊需要即特殊教育的需要，是基于学生的个体差异，对特殊教育条件的支持性需要。特殊教育需要学生有广义和狭义的理解：广义的特殊教育需要学生是指在生理和心理发展的某一个或多个方面与普通学生有明显的差异，有特别的学习或适应困难，只有接受特殊教育才能充分发展的学生，包括有身心障碍的、超常学生或有行为问题学生在内的、一切有特殊教育需要的学生。联合国教科文组织在《特殊需要教育行动纲领》中对特殊需要学生的界定就是广义的。狭义的特殊教育需要学生是指身心发展上有障碍或缺陷的学生，如智力障碍学生、听力障碍学生、学习困难学生、情绪或行为障碍学生、肢体障碍学生、沟通障碍学生、孤独症学生、视力障碍学生等。

在实践中，我们把融合教育特殊需要学生定义为在普通学校就读的残疾儿童少年或是经医学鉴定存在障碍的儿童，他们存在与普通学生不同的教育需

求，重点放在智力障碍学生、发育迟缓学生、孤独症学生、学习障碍学生、注意力缺陷多动症学生、情绪活动行为障碍学生、视觉障碍学生、听力障碍学生。

（二）融合教育特殊学生的教育需求分析

为了解小学段融合教育特殊教育需要学生在校学习发展的真实情况，找准他们的发展需求，我们针对随班就读学生的障碍类别、学科学习情况、课堂行为与表现、人际交往等方面编制《区域融合教育学生在校学习发展现状与需求调查问卷》，在区域25所小学段融合学校发放问卷，并形成了问卷分析报告。

本次问卷调查共发放问卷176份，回收问卷175份，回收率99.43%，有效率100%。下面主要就成都市双流区融合教育特殊教育需要学生障碍类别、发展情况与需求进行以下说明。

1. 成都市双流区小学段融合特需学生障碍类别

成都市双流区小学段融合特需学生障碍类别见表1–1–1。

表1–1–1

障碍类别	人数/人	占比/%
智力障碍	71	40.57
学习困难（伴随有行为问题）	29	16.57
听力障碍	23	13.14
孤独症	20	11.43
肢体障碍	14	8.00
注意力缺陷多动症	13	7.43
低视力障碍	3	1.71
情绪或行为障碍	2	1.14

2022年9月，成都市双流区小学段融合教育特需学生主要有智力障碍、学习困难（伴随有行为问题）、听力障碍、孤独症、肢体障碍、注意力缺陷多动症、低视力障碍、情绪或行为障碍。由表1–1–1可知，智力障碍学生最多，占40.57%，其次是学习困难（伴随有行为问题）、听力障碍、孤独症学生较多，分别占16.57%、13.14%、11.43%，注意力缺陷多动症、低视力障碍、情绪或行为障碍学生较少。

2. 成都市双流区小学融合教育特需学生在校现状

（1）学生在课堂注意力与在校学习行为表现方面

从图1-1-1、图1-1-2，表1-1-2至表1-1-5可知，特需学生在课堂上注意力维持时间总体较短，75%的学生注意力仅能维持10分钟以下，其中，有10%的学生注意力完全无法维持。

在特需学生在校学习行为表现方面：58.3%的学生行为正常，能被班级师生接受；35%的学生偶尔会突然情绪失控；6.7%的学生则会经常表现出异常的行为。

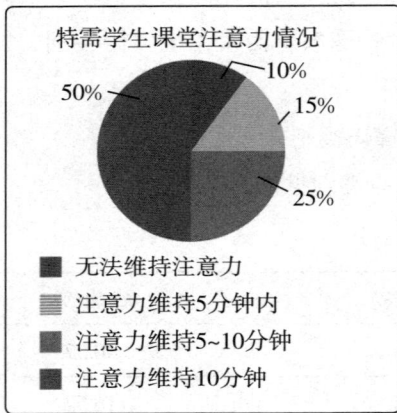

特需学生课堂注意力情况

- 无法维持注意力
- 注意力维持5分钟内
- 注意力维持5~10分钟
- 注意力维持10分钟

图1-1-1

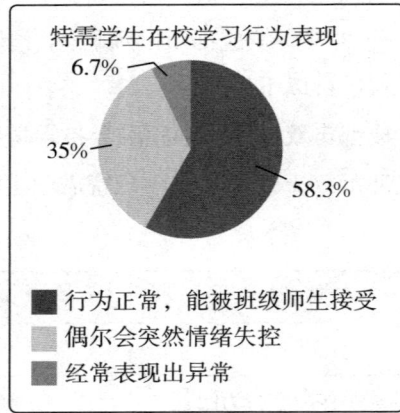

特需学生在校学习行为表现

- 行为正常，能被班级师生接受
- 偶尔会突然情绪失控
- 经常表现出异常

图1-1-2

（2）融合教育特需学生语文学科学习方面

在调整后的语文课堂集体学习中，18.3%的特需学生能积极参与课堂教学活动，58.8%的特需学生偶尔参与课堂教学活动，有38.9%的学生不能参与课堂教学活动，且有18.3%的学生会离座或干扰其他同学。特需学生参与语文集体课情况见表1-1-2。

表1-1-2

		频率	百分比
有效	积极参与课堂教学活动，如小组讨论、回答问题、及时完成课堂练习	27	15.4
	积极参与课堂教学活动，如小组讨论、回答问题、及时完成课堂练习	27	15.3

续表

		频率	百分比
有效	偶尔参与课堂教学活动，如回答简单问题	85	48.8
	不能参与，但不会离座或干扰其他同学	30	17.6
	不能参与，且会离座、或干扰其他同学	32	18.3
	总计	175	100.0

根据数据，在语文学科的集体课教学中，能完成80%及以上学习目标的特需学生仅占13.3%，学习目标完成率低。语文学科集体课特殊教育需要学生能完成学习目标的百分比见表1-1-3。

表1-1-3

		频率	百分比
有效	80%及以上	24	13.3
	60-79%	17	9.7
	30-59%	30	17.2
	30%以下	104	59.4
	总计	175	100.0

（3）融合教育特需学生数学学科学习方面

在数学课堂集体学习中，18.3%的特需学生能主动参与课堂教学活动，41.7%的特需学生偶尔参与课堂教学活动，回答简单问题，有40%的学生不能参与课堂教学活动，且有15.0%的学生会离座或干扰其他同学。特需学生参与数学集体课情况见表1-1-4。

表1-1-4

		频率	百分比
有效	积极参与课堂教学活动，如小组讨论、回答问题、及时完成课堂练习	32	18.3
	偶尔参与课堂教学活动，回答简单问题	73	41.7
	不能参与，但不会离座或干扰其他同学	43	25.0
	不能参与，且会离座、或干扰其他同学	27	15.0
	总计	175	100.0

在数学学科的集体课教学中，能理解80%及以上教学内容的特需学生仅占15.0%，能理解60%～79%教学内容的特需学生占11.7%，53.3%的特需学生仅能理解30%以下的教学内容。数学集体课特需学生能理解教学内容百分比见表1-1-5。

表1-1-5

		频率	百分比
有效	80%及以上	27	15.0
	60-79%	20	11.7
	30-59%	35	20.0
	30%以下	93	53.3
	总计	60	100.0

在调查中，我们发现随着年级的升高，融合教育特需学生完成语文、数学学科学习目标程度呈现出明显的降低趋势，课堂参与度也明显下降。

3. 小学融合教育特需学生发展主要需求

根据成都市双流区小学段融合教育学生发展现状调查，结合各类融合教育学生的身心发展特点，相较于普通学生融合教育特需学生主要有以下特殊教育需求：语文/数学学科补救支持需求、注意力训练需求、感官知觉能力提升需求、心理支持需求、社会交往需求、生活技能提升需求等。下面就各类障碍学生的需求进行简单介绍。

（1）智力障碍学生

智力障碍是一种以智力功能和适应性行为有显著缺陷为特征的障碍，适应性行为缺陷表现在概念性、社会性以及实践性适应性技能上，如沟通、生活自理、居家生活、社会技能、自我管理等，该障碍发生在18岁之前。

智力障碍学生一般有以下特殊需要：认知训练、言语语言训练、感觉统合训练、社会适应能力训练、学科补救教学、人际交往与沟通训练需要。

（2）学习障碍学生

学习障碍是一种神经性发展障碍，是个体在涉及理解或表达方面的一种或多种基本心理过程出现的失常，如知觉障碍、脑损伤、轻微脑功能失调、诵读障碍或发展性失语症，可能会表现在听、想、说、读、写、拼音或计算等方面的能力不足，但不是由智力、感官、肢体障碍或环境问题造成。学习障碍有阅读障碍、书写障碍和数学障碍。

学习障碍学生的特殊需要主要有以下两个方面。

① 学习策略需要。学习障碍学生的学习策略需要主要表现在获得如何学习的方法，如笔记策略、图示组织策略、辅助记忆策略。教师要运用多感官教学尽可能地调动学习障碍学生的多种感觉统合，同时参与学习，帮助学生克服学习问题。

② 感知觉发展需要。学习障碍学生的感知觉发展需要主要表现在多感官的调节使用，促进视觉、听觉、触觉和动觉之间建立有用的联结。

（3）听力障碍学生

听力障碍是指由先天或后天原因导致听觉器官的构造或机能发生部分或全部障碍，分为聋和重听，聋人是指那些因听力残疾而无法在没有助听设备帮助的情况下顺利通过听力处理语言信息的人；重听者是指在使用助听设备的情况下，有足够的残余听力使其顺利地通过听力处理语言信息的人。

听力障碍学生特殊需求主要有以下五个方面。

① 听觉能力训练需要。教师通过训练提高听力障碍学生的听觉技能。

② 言语语言训练需要。教师通过训练提高听力障碍学生的语言表达与语言理解能力。

③ 视觉学习需要。教师在课堂中通过丰富多彩的视觉材料、与学习内容相关的视觉提示、视觉支持策略等，满足听觉障碍学生的视觉学习需要。

④ 学科补救学习需要。教师通过课前学科预习、课中学科导学单学习、课后复习补救的方式，助力听力障碍学生获得学业提升。

⑤ 心理辅导需要。部分听力障碍学生经过早期康复后到普通学校接受融合教育，但由于听力障碍的影响导致其听觉、言语语言能力仍明显低于普通学生，在学校日常生活中与同学不能流畅地交流，学习上存在较大困难。长期的学业低成就造成他们缺乏自信，不能适应学校学习生活，易产生敏感、自卑，心理上需要相应的支持。

（4）孤独症学生

孤独症是一种广泛性发展障碍，一般表现为社交障碍、沟通模式异常、兴趣与活动内容局限及刻板、动作计划不协调、选择性注意力的转换欠缺、感官知觉欠缺、跨形态的联系情绪知觉的困难、分享式注意力及同理心发展欠缺、接受性语言及表达性语言困难、语言韵律的觉知差、事件间的联结较弱。障碍一般发生在3岁以前。

孤独症学生特殊教育需要主要有以下五个方面。

① 视觉提示需要。按学生能力和需要，教师以合适的素材（图画、短句、图表）给予提示，协助他们明晰所进行的内容。孤独症学生专注力短暂，部分学生由于感觉统合方面的障碍，导致无法集中精神学习。语言讯息瞬间即逝，因许多时候孤独症学生因不能专注，抑或他们需要较长时间去理解讯息而错过接收讯息的机会，视觉提示正好能照顾他们此方面的弱点。

② 社交故事训练需要。教师用文字或文字附以图片串连成故事，借以描述不同场合的背景资料，以及在这些场合中应有的社交礼仪，引导学生实施恰当的社交行为和反应。社交故事有助于孤独症学生理解别人的要求，从而增强其与他人交往的能力。

③ 情绪行为矫正需要。用科学的方法帮助孤独症学生将不当的行为消退，引导其建立适宜的行为，巩固某些基本技能、技巧以及语言的学习。

④ 社会适应能力训练需要。通过此训练提高孤独症学生适应社区、学校生活、社会的能力。

⑤ 感官知觉训练需要。孤独症学生的感官知觉异常，主要表现为听觉敏感或迟钝、触觉防御过度，难以适应新环境，需要相应的感官知觉训练。

（5）肢体障碍学生

本书中的肢体障碍主要是指脑性瘫痪。脑性瘫痪，是指自受孕开始至婴儿期非进行性脑损伤和发育缺陷所导致的综合征，主要表现为运动障碍和姿势异常，其运动障碍常伴随感知觉、认知及行为异常。脑性瘫痪学生特殊教育需要主要有以下三个方面。

① 动作康复训练需要。脑性瘫痪学生的运动康复需求主要包括粗大运动，精细运动、平衡能力和协调性训练、生活自理能力训练和作业疗法。

② 语言康复训练需要。它主要表现在口面功能的训练，从而提升脑性瘫痪学生的语言能力。

③ 心理疏导支持需要。单纯性的脑性瘫痪学生认知发展与普通学生无差

异，但由于其行动不便、语言表达等与普通学生存在显著差异，自我意识较强，如果不注意心理疏导，往往会产生社交退缩行为、厌学情绪等，故需要心理上的疏导支持。

（6）注意力缺陷多动症学生

注意力缺陷多动症学生主要表现为注意力分散，动作增多，易冲动认知和学习障碍。情绪行为障碍的孩子表现为注意力不能集中，不能很好地完成任务，平时手脚小动作不停，容易情绪冲动。注意力缺陷多动症学生的特殊教育需要主要有以下三个方面。

① 注意力训练。注意力缺陷多动症学生一个显著特征就是注意力品质差，表现为无意注意远远好于有意注意，有意注意时间短暂，注意分配狭窄，需要接受一定的注意力训练。

② 行为管理策略需要。注意力缺陷多动症学生在日常表现为活动过度，有的喜欢大声叫骂、破坏物品、激惹别人，需要通过相应的行为管理策略训练，提高其行为管理能力。

③ 学习策略需要。注意力缺陷多动症学生的学习策略需要主要表现在获得如何学习的方法，如笔记策略、图示组织策略、辅助记忆策略。同步运用多感官教学尽可能地调动学习障碍学生的多种感觉统合同时参与学习，帮助学生克服学习问题。

（7）低视力障碍学生

视觉障碍是指由先天或后天原因导致视觉器官的构造或机能发生部分或全部障碍，难以胜任一般人所能从事的工作、学习或其他活动，分为低视力和盲两种。低视力是指即使经过治疗或标准的屈光矫正后仍有视功能损害，其视力小于0.3到视力光感，或视野半径小于10度，但仍能应用或有潜力应用视力去做或准备做各项工作。

低视力障碍学生特殊教育需要主要有以下三个方面。

① 定向行动训练的需要。低视力学生比较难掌握其在环境中的相对位置，按预定目标行动的能力受到较大的限制，故需要定向行动训练。

② 学科补救学习需要。教师通过课前学科预习、课中学科导学单学习、课后复习补救的方式，支持听力障碍学生获得学业提升。

③ 心理辅导需要。低视力学生在情绪、情感方面体验较细腻，容易出现焦

虑、消极、敏感、孤僻，同时情绪活动不稳定，需要情绪心理辅导。

（8）情绪与行为障碍学生

情绪与行为障碍学生在学校中的行为或情绪反应不符合适当年龄、文化或种族的常模，以致会困扰他人或自己，对教育表现会产生负面影响。

情绪与行为障碍学生的特殊需要主要有以下两个方面。

① 心理辅导需要。情绪与行为障碍学生的心理辅导需要主要表现在需要心理学的专业性支持，分析情绪与行为背后的原因，通过心理学专业知识改善学生情绪行为问题。

② 正向行为支持需要。正向行为支持需要是指使用正向的行为干预方式，来增强学生适当的行为，同时降低不适当的行为。正向行为支持包含两个主要元素，即应用行为分析和功能性评估。

为融合教育特需学生提供以上特殊教育需要不是一蹴而就的，需要一个系统的支持，以帮助他们真正融入班级，接受高质量的融合教育。资源教室作为专业的支持保障体系之一就是满足融合教育特需学生需要的重要场所和支撑点。

第二节 资源教室课程概念与意义

《教育部关于全面深化课程改革落实立德树人根本任务的意见》指出：要根据学生的成长规律和社会对人才的需求，把对学生德、智、体、美全面发展总体要求和社会主义核心价值观的有关内容具体化、细化，深入回答"培养什么人、怎样培养人"的问题。作为融合教育工作者，我们不得不思考：把融合教育学校中的特殊教育需要学生培养成什么样的人，怎样培养他们，怎样充分发挥资源教室的功能，为那些有特殊教育需要的学生提供适宜支持，肩负起培养特殊需要学生的重任。

融合教育能够促进残疾儿童青少年的社会性发展和社会功能的改进。随着特殊教育的高速发展，融合教育已然成为保障残疾儿童青少年平等接受教育的重要途径。但由于学生的特殊性，这就要求普通学校充分认识到残疾学生的差异性和特点，提供最适切其需要的支持和帮助。资源教室是融合教育高质量推进的重要支持体系，其课程建设是核心。

一、资源教室概念

邓猛教授指出，"资源"（resource）一词具有"支持"或"补救"的意义。哈米尔认为资源教室是"一种教育措施，学生于特殊时间到此接受特殊教育。资源教室与特殊班最主要的不同在于学生仅部分时间到资源教室上课，大部分时间仍在普通班级中"。

资源教室方案随着回归主流运动和融合教育的思潮应运而生，它代表着特殊教育与普通教育由先前的独立到融合，从几乎毫不相关到密不可分。[1]徐美

---

[1] 邓猛.融合教育实践指南［M］.北京：北京大学出版社，2016：146.

贞、杨希洁认为："资源教室是一种教育措施，它是指在普通学校中设置，专为特殊学生提供适合其特殊需要的个别化教学的场所（教室），这种教室聘有专门推动特殊工作的资源教师，以及配置各种教材、教具、教学媒体、图书设备等。"[①]资源教室是在普通学校建立的集课程、教材、专业图书以及学具、教具、康复器材和辅助技术于一体的专用教室。资源教室具有为有特殊教育需求儿童提供咨询、个案管理、教育心理诊断、个别化教育计划、教学支持、学习辅导、补救教学、康复训练和教育效果评估等多种功能，其目的是满足具有显著个别差异儿童的特殊教育需求，是沟通普通教育与特殊教育的桥梁，是随班就读学生融入普通学校的第一步，是融合教育学校内普特专业联动的特教服务平台。

《教育部关于加强残疾儿童少年义务教育阶段随班就读工作的指导意见》明确规定：对接收5名以上残疾学生随班就读的学校应当设立专门的资源教室。本书中的资源教室是指建立在普通学校的、为接受融合教育的特殊需要学生提供支持服务的资源教室，是普通学校融合教育发展的重要举措，是特殊教育需要学生接受个别化教学的关键场所，具备筛查评估、教育康复、学习辅导、专业培训、教育咨询、心理辅导、档案管理等多重功能。资源教室设置的价值在于，它能够成功地帮助特殊学生留在融合教育中，是一种极具弹性的教育安置形态，其服务对象是就读于普通班级的残疾学生或在学业、情绪、行为上需要特殊协助的学生，教师要利用一部分时间进行特殊指导。

资源教室服务对象有随班就读教师、融合教育特需学生、家长、普通学生等，本书中的资源教室服务对象是融合教育特需学生。

二、资源教室课程

《教育部关于加强残疾儿童少年义务教育阶段随班就读工作的指导意见》指出：坚持尊重差异、因材施教，坚持普特融合、提升质量，实现特殊教育公平而有质量发展，促进残疾儿童少年更好融入社会生活；要进一步提升资源教室的使用效率，充分利用资源教室为残疾学生开展个别辅导、心理咨询、康复

---

① 徐美贞，杨希洁. 资源教室在随班就读中的作用［J］，中国特殊教育，2003（4）：14-19.

训练等特殊教育专业服务。

我们前期调查评估发现，融合教育学生特殊教育需要主要有学科补救教学、社交沟通技巧、听力言语技能发展、认知发展、社会适应能力、学科学习技巧、动作能力康复、学习策略训练、心理辅导等。资源教室作为普通学校随班就读专业支持体系，怎样发挥专业功能，为随班就读学生提供科学有效的支持，满足融合教育学生上述特殊教育需求呢？这就需要资源教室根据随班就读学生的发展需要提供系统的支持性课程。

课程是学生教育质量提升的载体。课程是指学校学生所应学习的学科总和及其进程与安排。课程是对教育目标、教学内容、教学活动方式的规划和设计，是教学计划、教学大纲等诸多方面实施过程的总和。课程是以实现各级各类教育目标而规定的学科及它的目的、内容、范围与进程的总和，它包括学校教师所教授的各门学科和有目的、有计划的教育活动。

资源教室课程是针对融合教育特需学生的发展需求而设置，旨在提升融合教育特需学生的学科学习能力、社会适应技能、身体功能等，促进其心理健康发展，进而使其融入班级学习生活，享受公平优质的教育服务。

本书中的资源教室课程立足区域融合教育特需学生现实需求主要开发了四类八大课程，分别是学科支持类课程（含语文学科补救之识字课程、数学学科补救之数概念与数运算课程），康复类课程（含感觉统合课程、注意力训练课程、社交沟通课程），生活技能类课程（含生活适应课程、劳动技能课程），心理辅导课程。在资源教室课程的开发与实施上，我们主要采用资源教室课程需求调查分析、资源教室课程设计思路、资源教室课程框架、资源教室课程目标、资源教室课程实施和资源教室课程评价的六大流程。其中，资源教室课程评价将作为一章单独进行介绍。

系统的资源教室课程是高质量开展资源教室支持性教学活动的基础，适宜的资源教室课程目标、丰富的资源教室课程内容、扎实的资源教室教学活动是实施融合教育特需学生个别化教育计划的重要保障。在实践中，我们发现完善的课程体系有利于为融合教育特需学生提供科学、连续的支持服务，从而最大限度地促进特需学生发展。

三、资源教室课程意义

（一）充实融合教育课程，满足特需学生发展的需要

融合教育主阵地在融合课堂教学、融合班级，通过学科课程调整、融合班级建设等，为特需学生融入学科学习、班级创造良好的条件，但仍有大部分融合教育中的特需学生的教育需求得不到满足，导致其发展不能得到适切支持，从而严重影响了融合教育的品质。资源课程就是针对特需学生的发展需求而设计开发的，弥补了融合教育集体课程的不足，丰富了融合教育课程，能有效满足融合教育特需学生的发展需求。

（二）突破无体系、碎片化的资源教室教学支持现状

系统的资源教室课程可为资源教师提供系统的、可实践的资源教室教学活动，为融合教育特需学生提供个性化的支持服务，夯实融合教育特需学生培养的科学性、系统性和有效性，提升融合教育质量。

（三）丰富融合教育学校校本课程，提升学校课程建设力

资源教室课程是基于融合教育特需学生的特殊需要，是立足学校现实、满足学校对学生发展的具体要求而设置的课程，是对学校校本课程的补充和丰富。开发资源教室的过程能促进教师立足学生需求和学校实际开发课程资源，整合课程资源为融合教育特需学生提供科学、有效的个别化支持，提升了学校课程的建设力。

（四）实施资源教室课程，是落实"一人一案"的重要举措途径

资源教室课程是在充分评估融合教育特需学生发展需求的基础上，为达成融合教育特需学生个别化教育计划目标，在融合集体课的基础上，再规划、开发和实施的，是有效落实融合教育特需学生"一人一案"的具体方案与实操。

第三节　资源教室课程开发依据

一、国内外资源教室课程建设现状

课程是提高融合教育质量的关键，也是我国融合教育实践改革的重点和亟须攻关的难点。为厘清融合教育课程建设与实施现状，便于重新思考和架构资源教室课程的目标、内容、实施、评价等问题，我们查阅分析融合教育特需学生发展的资源教室课程建设与实施相关文献，从课程调整相关研究和课程建设趋势两方面做出了梳理，其中课程调整相关研究包含课程目标、课程内容、课程实施方式、课程评价等维度的调整和变化，以及课程调整策略。

（一）课程调整相关研究的内容

查阅分析已有研究发现，目前的资源教室课程建设大多建立在普通课程的基础上，针对特需学生进行调整。课程调整是指教师针对学生的特殊需求而对课程的相关要素，如目标、内容、策略、活动、教学材料和资源等进行分析、编辑、修改、补充、删减或重组的过程。[①]

1. 课程目标调整

课程目标调整包含对学生表现学习结果的行为或动作、学习的结果或内容、目标行为出现的情境以及达到的标准的调整。魏寿洪指出，如果特殊学生在"说出"目标行为方面有困难，则可以改为"指出"目标行为，以此来调整表现学习结果或动作；如果特殊学生在达到普通学生的标准上有困难，则可以对标准的独立完成水平、达成的正确率和精熟度、完成的分量或速度等进行调

---

① 邓泽兴.试论融合教育推动下的课程调整［J］.重庆文理学院学报（社会科学版），2012（6）：148-152.

整。①杨云秀等依据《3～6岁儿童学习与发展指南》中健康领域在动作发展方面的三个目标以及特殊儿童的动作发展情况，在普通儿童的动作发展目标的基础上进行了简化、降低、替代、补充调整。②党凯琳等认为随班就读课程目标的调整要适应普通课程目标，课程目标应当在IEP（个别化教育计划）的指导下调整普通课程目标，在普通课程目标之外，为特殊学生单独设立个别化的单元目标、中期目标、学期目标与学年目标。③胡少华提出，一方面要从不同层面对课程目标进行调整，体现出课程目标的系统性和层次性；另一方面要从残疾学生的身心特点出发对课程目标进行调整，体现出课程目标的适合性。④已有研究分别从资源教室课程目标的具体调整方法和大致调整方向做出了探索，但缺乏可复制、可移植的实操研究。

2. 课程内容调整

课程内容调整是对学生为达到课程目标需要学习的技能的调整。钮文英认为，课程内容调整包含教材调整和作业调整。教材调整是指对教材文本的数量和难度、教材呈现的清晰度、教材内容的逻辑性和层次性、版面配置和印刷的适切性等方面进行修正、精简、替换、添加、补充等；作业调整是指对学生作业的内容、分量、形式、评价等做出增加、减少内容以及作业形式和评价方面的调整⑤，但魏寿洪等通过调查发现，普小教师做得最多的课程与教学调整是作业调整，而对教材调整最少。⑥我国台湾地区新修订的"特教新课纲"强调为特殊学生设计课程内容以普教课程为主，只有普教课程不适合特殊学生的学习需求时，再采用简化、减量、分解、替代与重整的方式弹性调整能力指标，

---

① 魏寿洪，程敏芬. 融合教育课程调整研究进展［J］. 现代特殊教育，2017（12）：26-32.

② 杨云秀，苏珠. 学前融合教育健康课程的建构与实施：以新津县幼儿园为例［J］. 教育与教学研究，2016，30（12）：117-123.

③ 党凯琳，高珂娟，王庭照. 随班就读课程调整：意义、策略与出路［J］. 教育导刊，2020（3）：74-79.

④ 胡少华. 融合教育中的课程调整：目的、内容及路径［J］. 当代教育理论与实践，2020，12（1）：42-47.

⑤ 钮文英. 拥抱个别差异的新典范：融合教育［M］. 台北：心理出版社股份有限公司，2008：349-454.

⑥ 魏寿洪，廖进，程敏芬. 成渝两地普小教师融合教育课程与教学调整实施现状研究［J］. 中国特殊教育，2018（6）：14-22.

依特殊学生的身心特质增加补救性、功能性或补偿性课程，再依调整后的指标编写课程内容。[①]于素红提出，教师可以从数量和范围、深度和难度方面调整课程内容。[②]胡少华也提出课程内容的调整不是简单地删减、替换，其实质是对学习环境的设计，对知识和学习活动的重组，要借鉴特殊教育课程的内容，将补偿性、发展性、功能性的课程内容整合到普通课程中。[③]另外，还有一些研究对语文课程、康复课程、社会实践课程、德育课程、陶艺课程、阳光伙伴课程、环境生态课程、思想品德课程、语言干预课程等内容做出了具体的课程内容探索。目前，一部分研究对课程内容的调整做出了一些方向性和理念性的厘清；一部分研究运用了具体课程内容的调整，但两者缺乏紧密联系，且具体实践的研究缺乏统一的模式，比较杂乱。

3. 课程实施流程的调整

课程实施流程是指通过什么样的过程将课程内容传递给学生、学生如何学习以及如何评价学生的学习成果，包含了教学方法和活动、学习策略、教学时间、教学地点和情境、教学人员等。关于课程实施流程的先后，黄建智提出，融合教育课程调整应以辅助为先，如调整物理环境、字体呈现方式等，若经调整特需学生仍无法完成学习，这时教师才能考虑对课程目标和内容进行调整。[④]其具体步骤如下：①基于普通学生的课程目标和特殊学生差异，调整课程目标。②调整课程内容。对课程内容做适当修正、调整。③调整课程运作过程。调整教学方法、教学时间、学习方法等。④若学生仍不能学习，教师则要考虑调整课程主题。张文京主要从课程内容及课程目标调整，将课程调整分为以下七个阶段[⑤]：①依据普通课程标准找出课程目标；②列出课程评量侧面图和工作构成分析；③评量学生能力现状；④利用评量结果，决定是否保留、调整或改变课程目标和相关内容；⑤拟订适合学生的课程目标；⑥设计课程，协

① 陈红，刘蕾，赵斌. 台湾地区新修订特殊教育课程纲要的设计、实施及启示［J］. 现代特殊教育，2017（22）：62-68，80.

② 于素红. 普通学校随班就读学生的课程建设［J］. 中国特殊教育，2005（4）：56-59.

③ 胡少华. 融合教育中的课程调整：目的、内容及路径［J］. 当代教育理论与实践，2020（1）：42-47.

④ 黄建智. 特殊需求学生课程的调整［J］. 云嘉特教期刊，2011（13）：55-60.

⑤ 张文京. 融合教育与教学［M］. 桂林：广西师范大学出版社，2013：291-304.

助学生达到或趋向课程目标；⑦教学评价，根据目标的达成情况评判教学成效，修正教学。张立秋、詹世英将资源教室课程实施分为五个步骤：评估学生的个别化需要、选择资源教室课程内容、拟定资源教室课程目标、根据学生需求配课、课程效果评估与反馈。①②石彩霞指出，随班就读学生个别化学科补救课程和特需课程建设与实施流程为个案评估、形成IEP、形成学科补救性个别化课程建设方案或特需课程建设方案、单元目标调整纲要、进行课时和教学活动设计、实施教学、教学评估。③王玲、文静形成了个案评估、拟订IEP、形成补救和特需课程建设和实施方案、补救和特需教学活动设计与实施、教学评估的课程建设与实施路径。④邵立锋提出，采取从"器材到活动、从活动到项目、从项目到单元、从单元到课程"的方式进行结构化的课程建设及实施。⑤宋修玲指出，开展随班就读课程与教学调整要经历五个基本步骤（开展教育评估、制订IEP、制订各门课程学期教学计划、设计课堂教学活动、实施教学与评价）和实施课堂围绕培养学生核心能力的三个环节（准备活动、发展活动、综合活动）。⑥黄美贤等就康复训练课程提出了训练流程的制订、时间的安排、课程项目的细化、IEP的制订与实施、多元化评价的实施流程。⑦李拉总结出澳大利亚专业支持团队在运行层面已基本形成了以调整前的咨询与评估、制订课程调整方案、实施课程监控与报告等为特征的融合教育课程调整与实施规范。⑧课

---

① 张立秋.大连市甘井子区资源教室课程建设实践探索［J］.现代特殊教育，2018（15）：11-13.

② 詹世英.建构资源教室课程，为特殊教育需要学生提供适合教育：以四川大学附属实验小学江安河分校为例［J］.现代特殊教育，2019（17）：25-28.

③ 石彩霞.加强资源教室功能建设，提升随班就读学生学习质量［J］.现代特殊教育，2017（11）：35-37.

④ 王玲，文静.优化资源教室个案支持系统的实践探索：以四川省成都市双流区为例［J］.现代特殊教育.2018（1）：18-20.

⑤ 邵立锋.普通学校随班就读学科课程群的构建［J］.现代特殊教育.2021（7）：30-33.

⑥ 宋修玲.随班就读课程与教学调整的路径探索：以江苏省南京市为例［J］.现代特殊教育，2021（21）：22-25.

⑦ 黄美贤，须芝燕.随班就读学生康复训练课程方案的编制与实施［J］.现代特殊教育，2014（4）：49-51.

⑧ 李拉.澳大利亚融合教育的课程调整及启示［J］.中国特殊教育，2019（7）：15-21.

程实施流程的已有研究，基本上遵循评估、制订课程计划目标或IEP，课程实施和评价这一流程模式。

4. 课程评价调整

课程评价是研究课程价值的过程，通过对学生、课程内容等的评价来判断课程的编制和实施是否达到了预期目标和效果。储昌楼认为，随班就读学生应建立包括分阶段评价和测验结果等的个人档案资料，对于随班就读学生的评价不能简单套用对普通学生以学业评价为主的考试办法，要注重综合性、过程性、多元化的课程评价。[1]盛永进指出，通过调整性评价来适应特殊学生的需要，即通过调整评价的过程和时间，调整试题呈现形式、答题方式，调整测试环境以及作答时间，对于重度残障学生运用替代性评价，即通过提交综合档案证据的形式来测评特殊学生参与普通课程的学习成绩。[2]胡少华提出，融合教育中的多元评价体系是全方位的，即除了对文化知识的评价外，还包括对他们社会适应性、缺陷补偿、潜能开发的评价。[3]已有研究指出了课程评价应强调过程性、兼顾性，注重过程性评价和总结性评价的结合，但对特需学生课程评价的具体调整方法的研究较少。

（二）课程调整和建设的体系、模式、策略相关研究

1. 课程调整和建设的体系

不少研究者和机构单位进行了资源教室课程调整和建设实践探索，形成了自己的课程调整体系和模式，见表1-3-1。综合已有研究发现，虽然建构体系的维度缺乏一致性，但大多数课程调整和建设体系是根据普通教育需要和学生特殊需要这一共同出发点进行构建的。

---

① 储昌楼. 积极推进普通学校融合教育资源中心课程建设［J］. 现代特殊教育，2018（17）：5-10.

② 盛永进. 参与普通课程学习：美国特殊教育课程融合改革述评［J］. 外国教育研究，2013，40（3）：77-84.

③ 胡少华. 融合教育中的课程调整：目的、内容及路径［J］. 当代教育理论与实践，2020，12（1）：42-47.

表1-3-1

大连市甘井子区资源教室	发展出学科补救课程、功能性课程、艺术休闲活动课程、社会性发展课程的课程体系①
江苏省昆山市娄江实验学校资源教室	以生命课程为基础，生活课程、艺术课程、科学课程、学科课程、康复课程为主干，读绘课程、补偿课程、研学课程、亲子课程作为必要补充的十大模块课程体系② 以阅读教学为中心的知识性课程、着力于多元智能的综合性课程、以健康干预为目标的活动性课程、以生活体验为目标的实践性课程③
上海市长宁区特殊教育康复指导中心	包括运动、语言、认知、作业、心理支持五大康复训练领域教育康复课程，包括语文、数学、英语的听、说、读、写等技能的学科补偿课程④
四川大学附属实验小学江安河分校	构建了学科补救课程、康复特色课程、功能性课程或生活技能课程、教师及家长培训课程⑤
成都市双流区	针对听力障碍和智力障碍随班就读学生建立了结合生活经验的语、数学科补救课程，以及包括听力障碍学生听力语言康复课程、智力障碍学生情绪行为课程和社交沟通课程的特需课程体系⑥
王琳琳、马滢	除了传统的学科补救性课程和少量康复课程之外，还可建设创新型"特色资源课程群"，如生命教育课程、艺术特长课程、科学探索课程、亲子教育课程、民俗文化课程等⑦
吴清英、曾正敏	开发了适合学生发展的资源教室综合实践课程，包括语文、数学、英语、体育的学科延伸式课程，包括实践活动课程、游戏课程、集中教育课程和生涯教育课程的条块整合式课程⑧

① 张立秋.大连市甘井子区资源教室课程建设实践探索［J］.现代特殊教育，2018（15）：11-13.

② 储昌楼.积极推进普通学校融合教育资源中心课程建设［J］.现代特殊教育，2018（17）：5-10.

③ 储昌楼，王晨.随班就读资源教室的建设与课程设计［J］.现代特殊教育，2014（6）：53-54.

④ 须芝燕.普特合作探索随班就读资源教室课程［J］.现代特殊教育，2013（12）：9-10.

⑤ 詹世英.建构资源教室课程，为特殊教育需要学生提供适合教育：以四川大学附属实验小学江安河分校为例［J］.现代特殊教育，2019（17）：25-28.

⑥ 王玲，文静.优化资源教室个案支持系统的实践探索：以四川省成都市双流区为例［J］.2018（1）：18-20.

⑦ 王琳琳，马滢.我国融合教育资源教室建设与运作的思考［J］.残疾人研究，2019（1）：25-31.

⑧ 吴清英，曾正敏.资源教室综合实践课程建设初探［J］.现代特殊教育，2019（7）：18-20.

续表

台湾地区"特教新课纲"	包括常规课程及特殊需求领域课程，常规课程主要有语文、数学、社会、艺术与人文、自然与生活科技、健康与体育及综合活动七大领域课程；特殊需求领域课程则主要由三大类别组成：①学习策略、领导才能、情意课程和创造力为调整性普教课程；②生活管理、职业教育和社会技巧为生活技能课程；③定向行动、点字、沟通训练、动作机能训练和辅助科技应用则属于调整沟通与表现方式课程①
邵立锋	开发了以补救性课程、功能性课程和适应性课程为必修的基础课程，以融合性课程、潜能性课程和职业性课程为拓展性选修课程的课程框架②
厦门市海沧区融合教育试点校	形成以国家课程为准，根据学生实际能力进行调适，满足差异化教育需求的基础课程、"阅读悦美""天竺之语""陶笛悠扬"三大模块的特色课程和进行针对性的康复训练、缺陷补偿和学业补救的特需课程三大课程体系③
魏英杰、黄清	同侪课程内容体系包括以下三个方面：学术性、人际关系、自我实现的同侪辅导课程④
徐素琼、Paul Cooper、Keneneth Sin	总结了英国融合教育课程架构，包括学术学科领域（如数学、英文、科学等）、发展性技能领域（将不同学习困难学生特殊需求的发展性技能渗透到课程领域的所有层面）、功能性的领域（包括个人、社会、健康教育以及公民教育）⑤
李雅蓉、谭黎明	总结了纽约市的巢项目，要求学生在学习核心课程（包括英语语言艺术、数学、社会研究和健康四类）的基础上，另外再学习社会发展干预课程（包括社会规则认知、语言理解、问题解决、行为调节和兴趣发展）⑥

---

① 李欢，汪甜甜，彭燕. 中国大陆与台湾地区特殊教育课程标准的比较研究［J］. 教师教育学报，2017（3）：34-42.

② 邵立锋. 普通学校随班就读学科课程群的构建［J］. 现代特殊教育，2021（7）：30-33.

③ 詹秀玉. 基于校本化随班就读课程的建构与实施建议：以厦门市海沧区融合试点校为例［J］. 绥化学院学报，2021，41（7）：26-28.

④ 魏英杰，黄清. 随班就读同侪辅导课程初探［J］. 现代特殊教育，2019（15）：20-24.

⑤ 徐素琼，COOPER P，SIN K. 国外融合教育视野下的课程探究及启示［J］. 现代特殊教育，2021（5）：74-79.

⑥ 李雅蓉，谭黎明. 融合教育背景下高功能自闭症儿童课程模式研究：以纽约市自闭症巢项目为例［J］. 现代特殊教育，2018（17）：75-80.

续表

赵勇帅、邓猛	指出西方由学业课程、社会发展课程和补充课程共同组成的融合课程体系[①]
陈茜、王利丽	创设了"2+X"普通小学融合教育资源中心课程，"2"即"2项基础学科课程"（语文课程和数学课程）。"X"即"X项其他课程"（艺术课程、德育课程、感觉统合课程）[②]
刘耀兵、黄辉	包括人格、知识、艺术、运动、实践五大板块的集团融合教育课程[③]

2. 课程调整和建设的模式

关于课程调整的模式，各学者提出的模式具体形式各式各样，但大多数学者依据特殊学生的能力、需求以及所需的支持服务为本位，从对普通教育课程调整的幅度角度提出课程调整的模式。孙美丽、申仁洪总结了学者金·西尔斯提出的课程调整的四种模式[④]：①微调：不改变课程内容及难度，只对教学方法做出调整；②调整：不对课程内容做出调整，只改变教学目标与教学方法，对概念难度稍做调整；③平行课程：不改变课程内容，只改变教学目标与教学方法，大幅降低概念难度；④重叠课程：对课程目标、内容、难度、教学目标与教学方法等都做出调整，甚至设计特别课程。韩文娟、邓猛提出学科核心课程调整可分为相同课程、多重课程、交叉课程、替代性课程四个层面[⑤]，有的学生可能还需要扩展性课程、优先课程以及少量不脱离教育性质的康复课程等。钮文英整合了融合教育课程与教学调整的国内外文献，从整个教育方案调整的角度，提出课程与教学调整的四种选择模式[⑥]：①无须介入和调整的支持服务与教育方案；②支持服务的介入，包括提供辅助性科技和给予其他相关

---

① 赵勇帅，邓猛. 西方融合教育课程设计与实施及对我国的启示［J］. 中国特殊教育，2015（3）：9-15.

② 陈茜，王利丽. 普通小学融合教育资源中心课程建设初探［J］. 现代特殊教育，2021（21）：29-31.

③ 刘耀兵，黄辉. 集团管理模式下融合教育课程一体化建设实践探索［J］. 现代特殊教育，2020（21）：19-20.

④ 孙美丽，申仁洪. 美国特殊教育课程融合取向的设计模式及启示［J］. 青海民族大学学报（教育科学版），2011，31（2）：89-94.

⑤ 韩文娟，邓猛. 融合教育课程调整的内涵及实施研究［J］. 残疾人研究，2019（2）：70-76.

⑥ 钮文英. 迈向优质、个别化的特殊教育服务［M］. 台北：心理出版社股份有限公司，2020：145-170.

支持服务；③教育方案的调整，包括基本的课程与教学调整策略和针对个别学生的课程与教学调整策略；④支持服务的介入及教育方案的调整。张文京基于前人的课程调整模式，从学生能力出发，考虑课程调整的幅度，提出了四种课程调整选择模式[①]：①一般课程无须调整，在此选择下包括潜在课程、选修课程和正式课程；②一般课程调整，在此选择下对潜在课程、选修课程和正式课程的调整；③一般课程与特殊课程整合，在此选择下包括功能性学科（如读、写、算）、日常与社区生活技能（如居家生活、职业教育等）、转衔课程（如职业性向、工作技能等）；④特殊课程（沟通与行动课程），在此选择下包括动作与行动协助、语言与沟通训练、使用科技辅助、使用扩大沟通系统和生活自理训练。总的来说，已有研究根据普通课程需求和学生IEP需求，制定囊括了三种类型的调整：课程调整、课程扩增、课程改动（包括课程增加与内容减少两种方式）。

3. 课程调整和建设的策略

课程调整和建设的策略方面，邱上真提出对课程内容进行调整，包括添加式课程、辅助式课程、矫正式课程、补救式课程、适性式课程、补偿式课程、沟通与行动课程。[②]卢台华提出对课程目标和内容进行加深、增广、简化、减量、分解、替代等调整策略。[③]盛永进指出首变通、次增扩、后替代的课程内容调整策略。[④]陈红、赵斌提出为特殊儿童设计课程时，应首先选择普教课程，当普教课程难以满足其需求时，再采用"加深、加广、浓缩、简化、减量、分解、替代及重整"中的一种或多种方式灵活调整各项能力指标。[⑤]韩文娟、邓猛提出了将课程调整写入IEP作为制度保障、组建融合教育团队作为人力资源、运用通用设计多样化呈现课堂作为技术支持、将校本课程作为课程

① 张文京.融合教育与教学［M］.桂林：广西师范大学出版社，2013：291-304.
② 邱上真.特殊教育导论：带好班上每位学生［M］.台北：心理出版社股份有限公司，2002：23-78.
③ 卢台华.从个别差异、课程调整与区分性教学的理念谈新修订特殊教育课程纲要的设计与实施［J］.特殊教育季刊，2011（119）：1-6.
④ 盛永进.随班就读课程的调整［J］.现代特殊教育，2013（6）：31-33.
⑤ 陈红，赵斌.我国台湾地区新修订"特殊教育课程纲要"对大陆推进随班就读的启示［J］.教师教育学报.2019，6（1）：66-71.

载体的课程调整实施策略。①李拉总结出澳大利亚四个层次的调整标准，即支持性调整、补充性调整、实质性调整、延展性调整。②魏寿洪等通过问卷调查发现，使用最多的课程与教学调整主要是"简化或减量"，使用最少的课程与教学调整主要是"替换以及调整型的教学策略"。③已有研究基本是根据特殊学生身心特点和实际能力，采用简化、替代、减量、分解、重整等课程调适策略，对课程进行适度弹性调整。各学者从不同角度提出了不同的课程调整策略，并对于课程目标、内容和过程的调整关注较多，多数基于增补、简化、替代等基本策略进行课程调整。

（三）课程建设的趋势

目前资源教室的课程建设趋势是从课程调整走向新的课程建构。1998年，美国特殊技术应用中心根据通用设计理论，提出了通用学习设计的概念，并形成了通用学习设计的三条基本原则。这三条基本原则分别是提供课程的多样性呈现方式、提供给学生多样化表达的机会、提供参与方式的多种选择。④盛永进指出，通用学习设计提供了多种具有选择性的、灵活性的学习和教学方式，使具有不同背景、学习风格和能力的学习者，包括那些面临障碍风险或有障碍的所有学生，都能按照自己的方式参与、获得和理解课程。⑤韩文娟、邓猛指出学习通用设计对融合教育课程的适切性，首先，普通课程在设计之初考虑通达性，顾及所有学习者的需要，课程标准具有一定的开放性，而不仅仅涉及核心学术内容，则将在一定程度上减少对特殊学生的课程调整，进而增加其实现课程融合的可能性；其次，倡导的技术支持可以采取多元化的呈现方式，为课程调整提供了更大的空间，减少对课程目标、课程内容等课程要素的调整；再次，提供的技术支持应该考虑特殊学生的最近发展区。⑥颜廷睿、邓猛认为，

① 韩文娟，邓猛. 融合教育课程调整的内涵及实施研究［J］. 残疾人研究，2019（2）：70-76.

② 李拉. 澳大利亚融合教育的课程调整及启示［J］. 中国特殊教育，2019（7）：15-21.

③ 魏寿洪，廖进，程敏芬. 成渝两地普小教师融合教育课程与教学调整实施现状研究［J］. 中国特殊教育，2018（6）：14-22.

④ 李拉. 融合教育课程：概念、性质及发展方向：融合教育理论研究专题［J］. 现代特殊教育. 2021（19）：13-17.

⑤ 盛永进. 全纳走向下国际特殊教育课程的发展［J］. 外国教育研究. 2013，40（9）：88-95.

⑥ 韩文娟，邓猛. 融合教育课程调整的内涵及实施研究［J］. 残疾人研究，2019（2）：70-76.

学习通用设计课程目标的设定可分为认知目标、策略目标、情感目标，实现途径以灵活的数字媒体为载体提供课程材料，并且支持媒体以及多样化的内容呈现方式及转换来促进所有学生的学习，加强教师"教"和学生"学"两方面的灵活性和多样性，并根据不同任务中学习者解决问题的能力、心理特征、学习风格以及所取得的进步情况选择使用不同的方法来传递和展示教学材料所承载的知识和信息。[①]黄妍妮立足于语文课程，讨论融合教育视角下通用学习设计的一般模式，提出目标关注需求、内容多元表征、过程弹性生成的新模式。[②]通用学习设计的理念打开了我们思考资源教室课程问题的通道，也使我们对资源教室课程的认识开始从课程调整转向课程设计。

除了通用学习设计理念，还有重理解的课程设计理论UbD（Understanding by Design），张婷指出UbD理论的问题解决导向、学习者中心、多元实作评量有较强的操作性，包含确认预期的学习结果、确定证明学生达到预期学习结果的证据和设计教学活动三个阶段。[③]这种课程设计模式对我国正处于不断探索阶段的融合教育课程设计有着重要的启示。另外，刘耀兵、黄辉指出集团管理模式下的融合教育课程一体化建设关注教育集团内特殊学生个别化课程的系统建构与实施，将分散、孤立的课程要素整合为关系密切、结构协调的有机体，并以课程清单的形式推广至整个集团，满足所有学生学习、生活和个性发展的多样化需求。[④]

目前，资源教室课程发展有两个基本的方向：一是注重对普通教育课程的调整；二是强化普通教育课程的通用性，注重学习通用设计理念的运用，也有注重理解的课程设计和一体化清单课程建设的新模式。

（四）小结

目前，有针对某类特需学生的课程调整研究，有针对课程各元素进行调

① 顾廷睿，邓猛. 全纳课堂中的学习通用设计及其反思 [J]. 中国特殊教育，2014（1）：17-23.
② 黄妍妮. 融合教育视角下语文课程通用学习设计一般模式的建构 [J]. 现代职业教育，2021（11）：48-50.
③ 张婷. UbD理论在融合教育课程设计中应用研究 [J]. 绥化学院学报，2020，40（1）：19-23.
④ 刘耀兵，黄辉. 集团管理模式下融合教育课程一体化建设实践探索 [J]. 现代特殊教育，2020（21）：19-20.

整的研究，也有针对课程建设和调整的体系、模式、策略的研究。综合已有研究，资源教室课程建设均在普教课程的基础上，依特殊儿童的身心状况及学习需求对普教课程进行适应性调整，注重课程的个别化、生活化及社会化导向。以往研究基本完成了对普通教育与特殊教育的课程进行整合、调适，开发设计适合随班就读中特殊需要儿童的融合课程。资源教室课程基本由普通课程、调整后的课程、特殊课程三个板块构成，即针对特殊学生的课程以调整和增加特殊课程为主。课程调整基本围绕九个维度，包括教学内容的呈现、学生反应方式、时间、难度、支持程度、数量、参与程度、替代目标、替代课程，每一具体课程的调整都对九个维度的全部或部分方面做出不同程度的改变。但就近年来资源教室的实践来看，学科补救性课程特需康复课程的具体建设和实施，是资源教室课程建设中最困难的部分，其实施并未积累较多成功且可复制、可移植的实践经验，在课程调整和建设的模式上缺乏具体到实施层面的方法和模式。另外，虽然从课程设计上，资源教室课程有融合意向，但课程实践及过程仍然处于分离状态，实难融合。特别是各科课程实施依然缺乏整合，并未脱离普通教育分科教学模式的框架。课程各元素的调整、建设与课程实施脱节，未涉及具体可复制的课程建设与实施方法。

在课程建设的现状和趋势上，目前我国资源教室课程的实施主要是通过课程调整的方式进行，进而满足特需学生的个别化教育需要。这种课程调整是在普通课程体系的基础上进行的，多采用简化、替代、补救等方式进行。但由于特需学生的身心特征和教育需求存在较大的差异性、复杂性，为了最大限度地满足学生的教育需求，简化课程实施者负担，已有从注重对普通教育课程的调整，到强化普通教育课程的通用性，向学习通用设计等新模式转化的趋势。接下来，资源教室课程建设需要对资源教室课程的设计进行进一步具体化探索。

二、区域内资源教室课程建设现状调查

为了确保资源教室课程开发的实效性与针对性，我们首先开展了区域融合教育特需学生学习发展现状调查、资源教室课程建设现状调查，并通过文献查阅，分析目前国际、国内资源教室课程建设情况，就资源教室课程建设的需求进行深入分析，为开发资源教室课程提供充分的依据。具体思路和做法如图1-3-1所示。

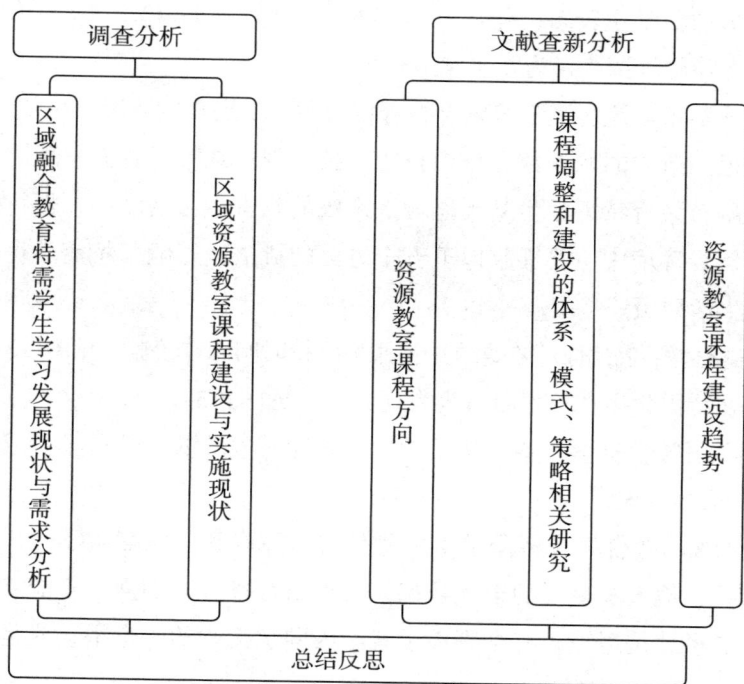

图1-3-1

（一）区域融合教育特需学生在校学习发展现状与需求情况调查

1. 融合教育特需学生在校学习发展现状调查概况

为了解小学融合教育特需学生在校学习发展的真实情况，针对随班就读学生的障碍类别、学科学习情况、课堂行为与表现、人际交往等方面，我们自编了《区域融合教育特需学生在校学习发展现状调查问卷》，在区域25所小学段融合学校发放问卷，形成了问卷分析报告。

本次问卷调查共发放问卷176份，回收问卷175份，回收率99.43%，有效率100%。通过对回收问卷的数据进行处理分析，我们主要就成都市双流区融合教育特殊教育需要学生障碍类别、需求进行以下说明。

（1）成都市双流区小学段融合教育特需学生障碍类别

在本章第一节中，我们调查了2022年9月，成都市双流区小学段融合教育特需学生的障碍类别，主要有智力障碍、学习困难（伴随有行为问题）、听力障碍、孤独症、肢体障碍、注意力缺陷多动症、低视力障碍、情绪行为障碍等，其中智力障碍学生最多，占40.57%；其次是学习困难（伴随有行为问题）、听力障碍、孤独症学生较多，分别占16.57%、13.14%、11.43%，注意力缺陷多动症、低视力障碍、情绪行为障碍学生较少。

（2）成都市双流区小学段融合教育特需学生发展现状概况与挑战

综合第一节中的调查数据分析与融合教育现场观察，我们发现成都市双流区小学段融合教育特需学生基本能融入班级的日常学习活动中，但特殊需要学生在融合教育环境中主要面临以下五个方面的挑战，影响了特需学生融合教育的学习、生活质量。

一是融合教育特需学生在课堂中注意力维持时间总体较短，见图1-3-1。

二是在特需学生在校学习行为表现方面，见图1-3-2。

三是在语数学科学习中，特需学生参与度普遍较低、学科学业成就低，见表1-3-2至表1-3-5。

四是21%的融合教育特需学生主要是听力障碍和肢体障碍学生，这些学生缺乏对自我、他人及事件的正确认识，表现出自尊心特别强、不能受挫、自信心不足、遇事总是退缩，有个别孩子甚至因同学无心的一个举动或是话语就不去上学。

五是12.6%的融合教育特需学生需要继续培养沟通表达能力和社交技巧。

2. 融合教育特需学生发展需求调研概况

我们通过访谈班级教师、学生家长、学生本人，了解学生个性化的发展需求，并将之分类、梳理，发现学生的个性化需求主要集中在康复训练、学科支持、适应能力发展、潜能发展、职业技能发展等需求方面。融合教育特需学生发展需求统计如图1-3-2所示。

康复训练需求	学科支持需求	适应能力发展需求	潜能发展需求	职业技能发展需求
孤独症智力障碍学生有认知训练、感觉统合训练、作业治疗、言语语言训练、人际沟通等需求	集体课程调整资源教室学科补救。听力障碍、智力障碍、孤独症等随班就读学生在集体课堂学习活动中，掌握的学科知识很有限，课后需要学科补救教学支持，以促进他们学科学业能力的提升	主要表现为社会适应能力、生活适应能力发展的需求以及心理调适、维持健康心理状态的需求	如特奥项目乒乓球、轮滑等；有的特需学生对绘画、音乐等有浓厚的兴趣	如中西面点、汽车美容与装潢、民间传统工艺

图1-3-2

3. 多渠道确定制约特需学生学习质量的关键因素

特殊孩子在普通学校的学习质量，既是判断支持有效性的重要参考，学习质量的影响因素更是我们设计资源教室课程的重要参考依据，也是提升随班就读学生学习质量要攻克的第一步。我们通过现场观察、访谈教师及家长、召开个案分析会等途径，多渠道确定制约随班就读学生学习质量的关键因素。其中现场观察主要针对28名重点个案研究对象；教师访谈则是针对区域内所有的智力障碍、听力障碍随班就读学生，主研教师利用区级培训、巡回指导等时机对随读教师进行现场访谈。另外，资源中心深入普通学校，和随读教师、资源教室教师一起，针对每个重点研究对象，召开个案分析会。个案分析会均由资源教室教师主持，校医、随班就读学生班主任、课任老师、家长、资源中心结对教师等参加。通过上述多渠道的信息收集，结合随班就读学生发展现状的优劣势分析及社会适应需要、家长期望，经综合分析，梳理影响其学习质量的主要因素，我们初步确定了影响智力障碍、听力障碍、脑瘫等类型随班就读学生学习质量的关键因素。融合教育特需学生学习质量关键因素见表1-3-2。

表1-3-2

障碍类别	关键因素
智力障碍	学习能力、记忆力、注意力等发展滞后，影响学习效果
	课堂学习内容过难，"量身定制"的教学具缺乏，课堂学习效率低下
	家长对孩子缺乏正确认知，家庭训练、指导缺失
	评价方式单一，影响学生学习积极性
	学习习惯较差
听力障碍	缺少有效的沟通渠道，信息获取不及时、全面
	文字理解能力、阅读能力发展滞后，影响学习效果
	部分听力障碍随班就读学生存在一定的自卑、胆怯心理
	家长缺少和孩子沟通的方法，家庭教育、指导缺失

续表

障碍类别	关键因素
脑瘫	缺少必要的康复训练，影响个体综合能力发展
	伴有一定程度的智力障碍，学习能力发展滞后，影响学习效果
	课堂学习内容过难，"量身定制"的教学具缺乏，课堂学习效率低下
	家庭教育、指导不足

梳理出关键影响因素，有利于我们各个击破随班就读学生学习过程中的拦路虎，从而切实提升随班就读学生的学习过程质量及结果质量。

4.调查结论

通过前期问卷调查、访谈，我们可以了解到，目前普通学校融合教育特需学生主要以听力障碍、多动症、孤独症、智力障碍为主，且多集中于小学低段年级。在学习方面：①特需学生课堂参与度一般，注意力维持时间普遍较短，且大多数学生虽然参与了班级考试，但成绩并不会被计入班级总分。②大部分教师针对特需学生能力水平，也及时地进行了学习目标、作业、考试难度的调整，且成效较好。在人际方面：大多数特需学生行为表现正常，有班级伙伴与他们共同玩耍，能够被班级师生接纳，但偶尔也有情绪失控的情况发生。此外，一多半的特需学生均有不同的兴趣爱好，这不仅是这些学生的优势所在，也为其潜能开发和缺陷补偿路径的拓宽提供了更多的思路。

5.对策与建议

（1）在学科教学中，随读教师要以课程为本位，对融合教育特需学生的学科学习现况能力进行准确评估，找到学生学科学习的能力起点、最近发展区，并拟订适宜的学科学习目标，对学科教学内容、方法、作业、评价考核等进行调整，创造机会让融合教育特需学生操作、感悟，提高其参与度、成功的体验。

（2）充分发挥资源教室对融合教育特需学生的支持作用，立足融合教育特需学生的发展需求，提供相应的支持活动，促进融合教育特需学生能力提升，使其顺利融入校园学习生活。

（3）加强随班就读师资培训，提升随班就读教师在评估、IEP制订、教学调整、学科补救、资源教室课程开发与实施等方面的能力。

（二）区域小学资源教室课程建设与实施现状调查

1. 调查目的及概况

为了解普通小学资源教室课程设置与实施情况，我们针对资源教室学生类别、已开设课程、授课形式、执教教师、课时量及时长、存在的困难、考核方式、成效等方面自编了问卷《区域小学资源教室课程建设与实施现状调查》，进行了问卷调查，并形成了问卷分析报告。

本问卷共提出了14个问题，发放问卷23份，回收问卷20份，回收率86.96%，有效率100%。

2. 问卷数据统计分析

从以下数据可知，自2013年起，资源教室逐年均有新建，这可能得益于一期（2014—2016年）和二期（2017—2020年）特殊教育提升计划的颁布，以及其中提到的"以区县为单位，统筹规划，重点选择部分学校建立特殊教育资源教室；其他招收残疾学生5人以上的普通学校也要逐步建立特殊教育资源教室"。成都市双流区小学段融合学校资源教室建立时间见表1-3-3。

表1-3-3

时间	频率	占比/%	有效占比/%	累计占比/%
2007.05	1	5.0	5.3	5.3
2007.09	1	5.0	5.3	10.5
2008.09	2	10.0	10.5	21.1
2010.03	1	5.0	5.3	26.4
2010.09	1	5.0	5.3	31.6
2011.09	1	5.0	5.3	36.8
2013.03	1	5.0	5.3	42.1
2014.09	1	5.0	5.3	47.4
2015.09	1	5.0	5.3	52.6
2016.08	1	5.0	5.3	57.9

续表

时间	频率	占比/%	有效占比/%	累计占比/%
2016.09	1	5.0	5.3	63.2
2017.08	1	5.0	5.3	68.4
2018.02	1	5.0	5.3	73.7
2018.09	1	5.0	5.3	78.9
2019.09	1	5.0	5.3	84.2
2020.05	1	5.0	5.3	89.5
2021.03	1	5.0	5.3	94.7
2021.10	1	5.0	5.3	100.0
系统	1	5.0		

目前，在成都市双流区融合教育特需学生类别中，以智力障碍（71人）、听力障碍（23人）、孤独症（20人）、注意力缺陷多动症（13人）学生居多。针对不同融合教育特需学生的能力水平，所有资源教室均开设了相应的缺陷补偿课程，其中，以语文、数学学科补救，感觉统合训练，绘本阅读，语言训练，生活社会适应，兴趣特长课程居多。学校资源教室目前开设的课程见表1–3–4。

表1–3–4

课程	频数/所	占比/%
语文学科补救	20	100
数学学科补救	19	95
感觉统合训练	15	75
绘本阅读	14	70
语言训练	11	55
动作康复	6	30

续表

课程	频数/所	占比/%
生活社会适应	11	55
社交技巧	8	40
兴趣特长	11	55
其他	1	5

从图1-3-3中可知，目前资源教室课程主要依据学生发展需求、学校校本特色、家长需求、随班就读教师需求而设，因此在已开设的课程中，以绘本阅读（70%）、生活社会适应（55%）、兴趣特长（55%）课程居多。

而已开设课程在实施过程中，主要有以下主题教学内容：①绘本阅读课。以行为规范、情绪、社交、认知、思维、生活常识、安全教育等为主。②生活适应课。以生活技能训练（穿衣、系鞋带、整理物品等）和交往训练居多。③社交技巧课。有交往训练、走进社区、我和同学共成长、语言沟通、行为规范等。④兴趣特长课。主要以音体美为主，其中，有一所学校开展的剪纸社团活动，属于融合教育志愿者支持活动。⑤动作康复课。动作康复课主要有感觉统合、平衡与协调等康复训练。

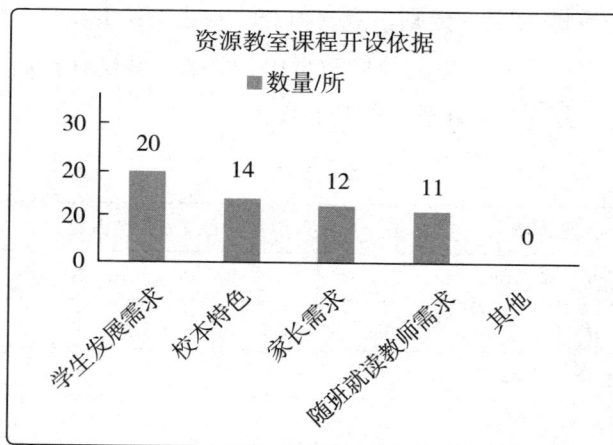

图1-3-3

由表1-3-5数据可知，资源教室课程周课时以每周4节及以上居多，占65%；而60%的资源教室课时长为45分钟/节（见表1-3-6）。

表1-3-5

周课时/节	频率	占比/%	有效占比/%	累计占比/%
1	2	10.0	10.0	10.0
2	4	20.0	20.0	30.0
3	1	5.0	5.0	35.0
4及以上	13	65.0	65.0	100.0
总计	20	100.0	100.0	

表1-3-6

课时时长/分钟	频率	占比/%	有效占比/%	累计占比/%
30以内	8	40.0	40.0	40.0
45	12	60.0	60.0	100.0
总计	20	100.0	100.0	

资源教室课程的执教教师，以资源教室教师（90%）和班级学科教师（70%）为主（见表1-3-7）；课程开展场所以教室居多，占90%，其次是操场等地，而在资源教室开展课程学习的学校较少（见表1-3-8）；授课形式以小组授课和一对一授课为主，分别占90%和75%（见表1-3-9），体现了学校对学生的个别化教育；在对学生的补偿教育中，90%的学校有普通学生（助学伙伴）的参与，这也有益于特殊学生的身心发展。

表1-3-7

执教教师	占比/%
班级学科教师	70
班主任	40
音体美教师	50
资源教室教师	90
心理健康教师	45
其他	5

表1-3-8

场所	占比/%
资源教室	45
教室	90
其他	75

表1-3-9

授课形式	占比/%
集体授课	45
小组授课	90
一对一授课	75
其他	0

普通学校在开展资源教室支持性教学活动时，主要存在以下问题：一是资源教室课时得不到保障，教师有时间就开展，没时间就取消；二是资源教室教学活动内容较散，不成体系，效果不佳。

各学校均会对资源教室的课程实施进行考核，考核主要有三种方式：①每月进行工作考核，期末汇总；②通过IEP实施情况进行考核；③通过对资源教室的环境布置、教学案例、教案、课程安排、听评课等情况进行过程性评价与考核。其中，使用第③种考核方式的学校居多。

各学校均表示，融合教育特需学生在参与资源教室课程学习后，均获得了不同程度的发展与进步，主要表现在语言沟通、注意力、生活与社会适应能力、感知觉以及注意力方面。

3. 调查结论

通过本次问卷调查，我们对普通学校资源教室的课程设置与实施情况有了一定的了解。从调查中也可以看出，各学校均按需对融合教育特需学生进行了缺陷补偿教育，且内容丰富、形式多样，特需学生也因此获得了一定程度的发展，但各校依旧存在课程设置缺乏科学指导、师资缺乏、专业性不够等问题。

4. 对策与建议

（1）要完善资源教室建设相关制度，保障资源教室建设合规合理。

（2）要系统、科学地根据不同学校的特需学生实际，因时、因地制宜进行资源教室课程建设。

（3）要加强缺陷补偿的资源教室课程建设。以学校为个案开展资源教室课程样本建设，发挥个案学校样本的榜样辐射作用，以个案学校为支点，引领个案学校进行资源教室课程建设与实施，逐渐打破区域融合教育高质量发展的壁垒，带动区域更多融合教育学校参与资源教室课程建设。

三、资源教室课程开发理论依据

（一）个别化教育理论

早在两千多年前，孔子就提出了"因材施教"的教学原则，他承认学生在个性与才能上的差异，主张根据学生的个性与特长有针对性地进行教育，注重补偏救弊，促进学生的正常发展。学生在生理发展和心理特性等方面客观上存在一定的差异，特别是心理方面的智力、兴趣、爱好等因素表现出的差异就更为明显。而在融合教育班级授课中，虽然教师根据融合教育特需学生学科学习现况进行了教学目标、教学内容、方法、作业、评价等的调整，但因融合教育特需学生个体差异很大，有的特需学生在学科教学中无法得到满足，故需要资源教室针对其特殊教育需求提供相应的课程，以满足其特殊教育需求，实现个别化教育。

（二）多元智能理论

多元智能理论是由美国哈佛大学教育研究院的心理发展学家霍华德·加德纳于1983年提出的。加德纳从研究脑部受创伤的病人发觉到他们在学习能力上的差异，从而提出本理论。传统上，学校一直只强调学生在逻辑—数学和语文（主要是读和写）两方面的发展，但这并不是人类智能的全部。不同的人会有不同的智能组合，如建筑师及雕塑家的空间感（空间智能）比较强、运动员和芭蕾舞演员的体力（肢体运作智能）较强、公关人员的人际智能较强、作家的内省智能较强等。根据加德纳的多元智能理论，资源教室在发展融合教育特需学生各方面智能的同时，必须关注每一个融合教育特需学生在某一方面特别突出的职能。多元智能理论有助于资源教室教师从智能的角度去系统分析、全面了解融合教育特需学生，并为他们提供合适的发展机会，促进他们发展。

（三）最近发展区理论

最近发展区理论是由苏联教育家维果茨基提出的儿童教育发展观。他认为学生的发展有两种水平：一种是学生的现有水平，指其独立活动时所能达到的解决问题的水平；另一种是学生可能的发展水平，也就是通过教学所获得的潜力。两者之间的差异就是最近发展区。教学应着眼于学生的最近发展区，为学生提供带有难度的内容，调动学生的积极性，发挥其潜能，超越其最近发展区而达到下一发展阶段的水平，然后在此基础上进行下一个发展区的发展。

虽然最近发展区理论主要针对儿童的智力，但其实在学生心理发展等各方面都存在"最近发展区"。资源教室课程的教与学，都是走在融合教育特需学生发展前面的教育，该课程能促进融合教育特需学生发展水平不断提升。

（四）儿童发展理论

认知发展理论是著名发展心理学家让·皮亚杰提出，被公认为20世纪发展心理学上最权威的理论。

皮亚杰的认知发展理论摆脱了遗传和环境的争论和纠葛，旗帜鲜明地提出内因和外因相互作用的发展观，即心理发展是主体与客体相互作用的结果。主客体相互作用主要表现如下：第一，在心理发展中，主体和客体之间是相互联系、相互制约的关系，即两者相互依存，缺一不可。第二，主体和客体之间是相互转化的互动关系。先天遗传因素具有可控性和可变性，在环境的作用下可以改变遗传特性。第三，主体和客体的相互作用受个体主观能动性的调节。心理发展过程是主体自我选择、自我调节的主动建构过程。

（五）生涯发展理论

生涯发展理论认为，人的身心职业经历是不断发展的，是一个连续的、长期的发展的过程。生涯发展理论起源于20世纪50年代，在六七十年代被具体运用到生涯规划和生涯教育实践过程中。70年代后，美国的一些生涯教育的设想就是在生涯发展理论影响下提出的，尤其在舒伯的理论体系影响下提出。舒伯的生涯发展理论有国际化的视角，已经被广泛应用于各国的各级学校和社会机构。作为生涯辅导的大师，他首次提出了职业生涯的概念，他的生涯发展理论的提出是生涯辅导发展史上的分水岭，实现了职业指导到职业生涯辅导的转变。他建构了一套完整的生涯发展理论，其理论观点是现今生涯辅导的重要理论基础。

（六）课程开发理论

课程开发理论是指通过确定课程目标，再根据这一目标选择某一个学科

（或多个学科）的教学内容和相关教学活动进行计划、组织、实施、评价、修订，以最终达到课程目标的整个工作过程。泰勒认为一个完整的课程编制过程都应包括确定课程目标、根据目标选择课程内容、根据目标组织课程内容、根据目标评价课程这四项活动。泰勒认为应根据学习者本身的需要、当代校外生活的要求以及专家的建议三方面确定课程目标。资源教室课程开发就是根据融合教育特需学生的需要，结合其学习生活的需要确定课程目标和内容，组织实施并评价的过程。

本书中的资源教室课程主要有学科支持类、康复类、生活类、心理支持类四类课程，主要采用资源教室课程调查分析，资源教室课程设计思路、原则，资源教室课程框架，资源教室课程目标，资源教室课程实施和资源教室课程评价六大流程。

第二章

资源教室课程建设流程

资源教室课程是融合教育课程的重要组成部分。成都市双流区在探索融合教育品质提升的进程中，立足资源教室内涵建设，基于融合教育特需学生发展和课程核心要素，开发出了四大类共八门课程资源教室课程。这些课程的开发为我们继续开发、调整新旧资源教室课程积累了宝贵经验，形成了资源教室课程建设的基本流程和路径。

第一节　资源教室课程定位及建设思路

一、资源教室课程定位

（一）资源教室课程是融合教育课程的重要组成部分

资源教室课程是融合教育课程的重要组成部分，其学科补救支持类课程是融合教育学校针对融合教育特需学生学科学习的重点、难点问题而组织开展的课程，是对国家课程实施的有效细化和补充。

（二）资源教室课程是量身定制的个性化课程

资源教室课程依据融合教育特需学生的IEP或是ISP（个别化支持计划）而设置，是立足于融合教育特需学生发展的现实需要，着眼于融合教育特需学生生涯发展，是为融合教育特需学生量身定制的个性化课程。

（三）资源教室课程是校本课程的丰富

国家课程、地方课程和校本课程三级课程构成了学校课程体系。设计资源教室课程时，除了要评估融合教育特需学生的特殊需求，还要分析学校现有的资源，结合学校现况和特色设置并实施资源教室课程。资源教室课程丰富和补充了学校校本课程，彰显了融合教育学校对全体学生的关怀与专业的支持。

二、资源教室课程建设思路

（一）因材施教原则：立足于融合教育特需学生现实发展需求

资源教室课程要在全面评估融合教育特需学生学科学习能力、适应能力等现况后，结合学科学习课程标准和学生各能力发展水平，确定其学科学习和能力阶段发展需求、发展目标，然后建构资源教室学科补救支持、能力发展课程框架，设计出相应的资源教室课程方案，深刻体现以生为本的教育理念。

（二）生涯发展原则：着眼于融合教育特需学生未来发展需要

生涯发展论认为，人的身心职业经历是不断发展的，是一个连续的、长期的发展的过程。教育融合教育特需学生的主要目的是帮助他们获得必要的功能行为，以便当其角色转换从学校走向社会和工作岗位时，能承担起成人的角色和责任。资源教室课程要培养融合教育特需学生独立生活、解决问题与社会适应能力，开展职业启蒙教育，为其今后融入社会、成为有用的社会公民打下坚实的基础。

课程是学生教育质量提升的载体。资源教室课程建设是资源教室教学实施的保障，加强课程建设是有效落实资源教室教学计划、提高教学水平和促进特需学生发展的重要保证。完善的课程体系有利于为特需学生提供科学的、连续的支持服务，从而最大限度地促进特需学生潜能发挥与个体功能的完善。

（三）协同设计原则：建立资源教室的普特对话机制

1. 在对话中解读需求，聚焦特需支持课程

三层级资源教室就随班就读学生身心发展的现实需求、随班就读学生家长期望、普通班级教师期望以及普通学生及其家长诉求进行对话，从整体满意度、社交融洽度等方面着手，深入解读当前制约随班就读学生发展的关键因素，聚焦特需支持课程，提高随班就读学生学习质量。

2. 在对话中解读课标，聚焦学科补偿课程

三层级资源教室联动，全面解读《义务教育语文课程标准》《义务教育数学课程标准》《聋校义务教育课程标准（2016年版）》《培智学校义务教育课程标准（2016年版）》等纲领性文件，结合随班就读学生的学情，从四大课标中提取出针对随班就读学生学科参与度提升的目标要求，形成随班就读学生学科教学目标。

3. 在对话中共同参与，聚焦课程实施过程

在对话的基础上，三层级资源教室厘清各层面人员的需求和随班就读学生学科教学目标的关系，构建普特融合的专业团队，共同设计、实施针对随班就读学生学习质量提升的课程。

4. 在对话中开展评估，聚焦课程实施质量

为了检测资源教室提供的支持服务是否精准化、个性化，三层级资源教室展开随班就读学生学习质量多维评估的对话。考核内容包括特需课程评估、学业评估（学科课程评估）、人际关系观察评估、满意度调查。

（四）系统性原则：依托资源教室个案服务系统提高课程质量

依托已经较为成熟的资源教室的"五步支持"个案服务流程及配套工具包，提高课程开发、实施质量。"五步支持"个案服务流程，即接案—资源教室筛检评量，初步提出安置建议—拟订个别化教育计划—调整性课程设计与实施—综合学习质量评价。

资源教室"五步支持"个案服务流程与资源教室服务工具包如图2-1-1所示。

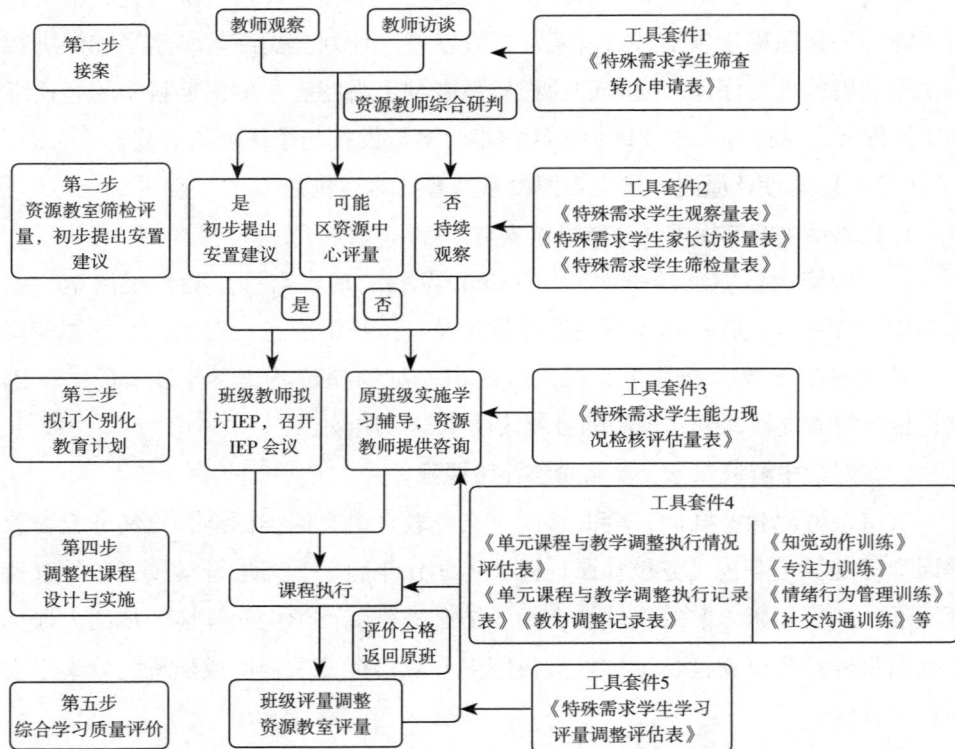

图2-1-1

每一步都设置有相应的工具套件，组成了个案服务工具包。工具包为课程实施的科学性、精准性提供有力保障。

1. 接案——班级教师发现疑似案例

班级教师发现疑似随班就读学生，使用《特殊需求学生观察量表》《特殊需求学生家长访谈量表》，撰写学生在校环境下课堂表现、与师互动、与生互动观察日志，访谈家长，了解学生出生史、教育史、发展历程等，收集学生的学业成绩、作业表现、各种正式或非正式的观察结果。接着，班级教师在资源教师的指导下使用标准化的评估工具《成都市双流区特殊需求学生筛检量表》进行初步筛查，并将五类筛检结果（智能障碍、学习障碍、多动症、情绪障碍、孤独症等的分值）提交资源教室。

2. 资源教室筛检评量，初步提出教育安置建议

资源教师将收集到的学生的各项评量资料做综合性的归纳整理，依据评量结果常模比对将均"正常""可能"学生落入持续观察组，"疑似""高度怀疑"学生落入随班就读学生组。再统整全校"可能""疑似"学生，建议家长前往医院做进一步的筛查诊断，并汇报校级随班就读分管领导，提交区特教资源中心，中心接案后，入校评估"疑似"学生、访谈"高度怀疑"学生班级教师，最终确定随班就读学生名单。

3. 根据筛检结果选择必要的教育需求评估

确定随班就读学生名单后，班级教师除了依据综合观察结果以及使用《成都市双流区特殊需求学生筛检量表》来进行初步类别分析外，仍需要根据筛检结果选择必要的教育需求评估。班级教师使用《成都市双流区特殊需求学生能力现况检核评估量表》来获得学生在健康状况、感官功能、知觉动作、生活自理、认知、沟通、情绪、社会行为、学科（领域）学习等项目能力，评估学生现况与优弱势，以提出符合其需求的教育安置形式、环境调整、课程设计、教学实施、转衔辅导等相关服务建议。

4. 拟订个别化教育计划

依据转介资料和所收集的相关能力优弱势表现与学业评估资料，找到特需学生的学习起点，拟订学生个别化教育计划，叙写学生本期长短期目标。同时，行政人员、资源教师、特教教师、班级教师、科任教师、学生家长参加个别化教育计划会议，充分收集多方资讯，达成一致意见后签字，并尽责按计划执行任务。

5. 班级课程调整+资源教室课程补充

围绕个别化教育计划目标，班级教师在集体教学中依据学生学习功能缺损程度，使用《单元课程与教学调整执行状况评估表》，对随班就读学生课程目标进行不同程度的简化、减量、分解、替代、重整，班级教师使用《单元课程与教学调整执行记录表》《教材调整记录表》调整随班就读学生安置方式、学习历程、学习环境、学习评量等。同时，资源教师根据随班就读学生IEP，梳理全校特殊学生可补足的能力或可开发的潜能，整合随班就读学生的共性，在资源教室以小组课、个训课的形式开设特殊需要课程，以满足特殊学生需求。

6. 随班就读学生综合学习考量评价

根据个别化教育计划及调整课程，确定学生学习评量调整形式，如降低评量标准、调整评量内容、调整考试时间、调整考试座位等，还可以综合特需课程考核。通过制定考核目标—准备考核材料—确定考核方式—考试现场准备—实施考核—考核结果分析，最终形成综合评价报告。随班就读学生学习质量报告书主要包含学科课程考核结果、特需课程考核结果、关系融洽度综合分析、整体满意度等级等内容。通过综合评价，学生能适应班级一日课程可取消资源教室课程，回原班级，仅接受学业额外辅导，资源教师提供班级教师、学生家长、学生咨询服务。

第二节　资源教室课程建设组织与管理

一、组织领导

资源教室课程作为学校课程的组成部分，其组织与管理理所应当隶属学校课程建设整体管理体系，由学校教务处负责，可由资源教室教师具体牵头。在对随班就读学生需求评估、确定资源教室课程类型的基础上，学校应确定每门课程的专门负责人，按照课程目标、内容、实施、评价等关键要素，系统推进资源教室课程建设。学校应当出台资源教室课程建设基本要求，除涵盖课程关键要素外，每门资源教室课程还需有完整的课程简介、适用对象、参考资料、授课地点、学时安排、师资安排等信息。根据实际情况，学校可推行"行政+专业"（行政管理团队+专业项目组团队）的双线管理体系，双轨并行。

二、资源建设

与普通教育相比，特殊教育的专业资源较为贫乏，同时因学生的个体差异，可直接参照、借鉴使用的专业资源更为不足。因此，资源中心及各融合教育学校在推进资源教室课程建设的过程中，要有意识地开展相关专业资源建设，既包括校内资源的培养、挖掘、开发，也包括片区、市区等资源的链接，不断建设、丰富完善特殊教育专业资源，并着力提高其功能活力，对促进学校资源教室课程及融合教育整体质量有重要意义。就实践来看，相关专业资源建设可分为人力资源、讯息资源、设施设备资源以及特教领域中无法避开又较为紧缺的评估工具等。

（一）人力资源

人力资源是指学校内部专业师资资源的支持培养；特教专家、专业康复师、医生等资源的链接。其中，教师队伍建设是重心，且永远在行进路上；专家智囊团是常被忽视但实际是非常重要的建设对象。成都市双流区邀请乐山师范学院特教学院、四川师范大学等高校多名教授，作为中心签约蹲点指导专家，同时不定期邀请台湾、北京、上海、四川、重庆等地特教专家，形成区域特教专家资源库，深入指导资源教室课程建设，开展区域融合教育师资培训，督导资源教室课程教学质量。

（二）信息资源

信息资源是各融合学校需要主动对接、寻求、掌握的资源，或许不能直接服务资源教室课程建设，但是有可能会在特殊学生家庭支持、融合教育外围保障机制等方面取得良好效果。信息资源包括优秀特教策略，经验区域共享，残联、卫计、医疗、民政等资源（福利）信息，以解决家庭实际困难。

（三）设施设备资源

资源教室课程在硬件资源建设方面要做好以下两项工作：一是学校层面可购置资源教室教学和康复训练基本需要的设施设备、图书资料等，如成都市双流区大部分融合学校均购置了感觉统合、动作训练等专业的康复设施设备；二是建立学校—片区—资源中心专业设施设备共享机制。在区特教资源中心建立的残疾儿童评估与个训室、教学具及辅具制作室、感觉统合训练室、多感官训练室、物理治疗室、言语治疗室、情绪行为训练室等专业康复训练室及大型康复设备，并向融合学校开放。资源中心助听器、小型康复训练器材等专业设备、教辅具的调配，协调区域融合学校间特教专业设备的循环重复使用；根据国家、省市相关建设标准以及区域融合教育学校、学生实际需求，向教育行政部门申请适配相应的设施设备。

（四）评估工具本土化

对特需学生的筛检评量是一切特教干预的起点，但符合本土文化表达的专业工具缺乏是不争的事实。区级特教资源中心要着力解决这一难题。成都市双流区邀请台湾特教专家团队，通过三年探究，研发形成了成都市双流区域本土化的特殊学生筛检评量工具，包括《成都市双流区特殊需求学生筛检量表指导手册》《成都市双流区五类障碍学生行为检核与正向介入评估表》《成都市双流区学习障碍检核评估量表指导手册》等。上述工具均采用成都市双流区常模，由区域融合教育教师收集各类数据，台湾专家团队整合科学制定。三套工具中均包含评量表、指导手册、记录纸、个人报告单。其中《成都市双流区特殊需求学生筛检量表指导手册》主要运用融合教育教师通过量表快速筛查疑似障碍学生可能的障碍类型及障碍程度，以便及时上报并通知家长再次评估。《成都市双流区五类障碍学生行为检核与正向介入评估表》主要检核评估障碍学生的能力水平，快速确定障碍学生的各项发展目标，准确开展支持工作，《成都市双流区学习障碍检核评估量表指导手册》则主要为学习障碍学生服务，目前成都市双流区的本土专业化评量工具还在继续不断地丰富和发展中。

三、保障制度

（一）审议审核制度

资源教室课程建设坚持"凡设必审""凡用必审"原则。学校教务处负责组织专业力量完成相应审议审核任务，并细化审议审核程序及各环节具体责任。

在课程审核时，各个随班就读学校可以根据需求，联系区特教资源中心，从区特殊教育资源中心组建资源教室课程审核的专家库挑选相关成员组成资源教室课程专家审核小组，负责科学确定审议审核标准、规则，注重政治性和专业性双重把关。

（二）课程教学管理制度

成都市双流区特殊教育资源中心负责统筹推进本区资源教室课程教学管理工作。各个随班就读学校要在开齐开足国家课程的前提下，加强对资源教室课程的管理；建立健全聘任专职资源教师参与资源教室课程建设的相关办法，满足多样化资源教室课程教学需要；组织开展形式多样的教学活动，探索资源教室课程与课后服务、其他教育教学活动整合实施的途径，创新资源教室课程实施方式。

（三）专业支持制度

各随班就读学校要建立健全随班就读教研指导制度，明确专人负责，聚焦关键问题，组织开展常态化的随班就读教研活动。区特殊教育资源中心、区教育科学研究院联合区特殊教育资源中心组织开展资源教室课程建设成果展示、交流活动，发挥优秀成果的示范辐射作用。

（四）课程监测制度

成都市双流区将资源教室课程建设纳入区随班就读专项考核及监测范围，重点关注课程实施的育人效果，不断增强和改进课程育人功能。

第三节 资源教室课程架构

一、资源教室课程建设整体流程

在建设资源教室课程时，我们资源教室课程开发流程为融合教育特需学生发展需求评估、资源教室课程建设现状调研、结合相关文献查阅研究分析、确定资源教室课程项目、制定课程实施方案、提交学校课程审议、开展课程实施、评价资源教室课程实施情况、修正完善课程。根据实践探索，课程项目主要集中在学科支持类课程、康复类课程、生活类课程及心理支持类课程。资源教室课程建设流程示意图如图2-3-1所示。

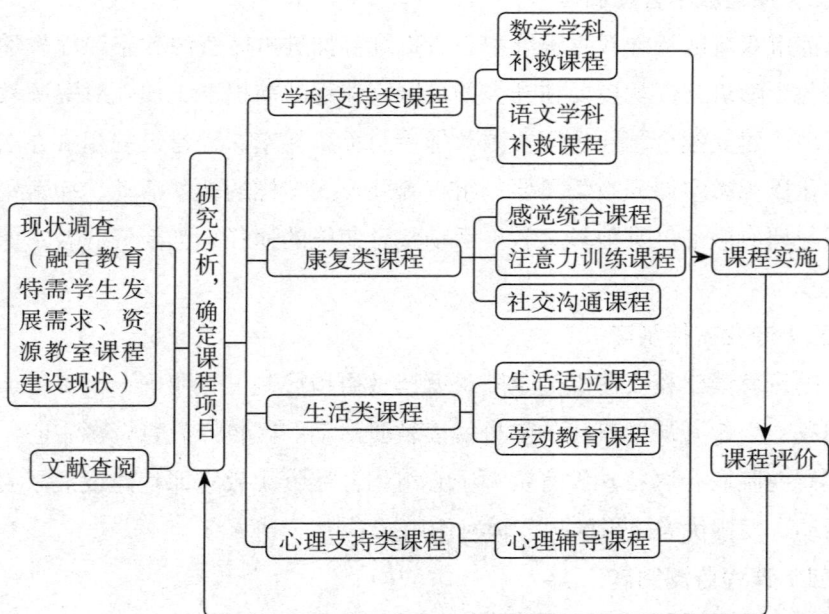

图2-3-1

二、资源教室课程内容

根据融合教育特需学生在普通学校学习发展中学科补救教学、康复训练、心理健康、生涯发展等共性需求的问题，我们将融合教育小学资源教室的课程分为以学科补救为基础的学科补救课程，以康复训练提升融合教育特需学生身体机能为主的康复类课程，以提升融合教育特需学生职业基础技能为核心的生活类、心理支持类四类课程。资源教室课程框架图如图2-3-2所示。

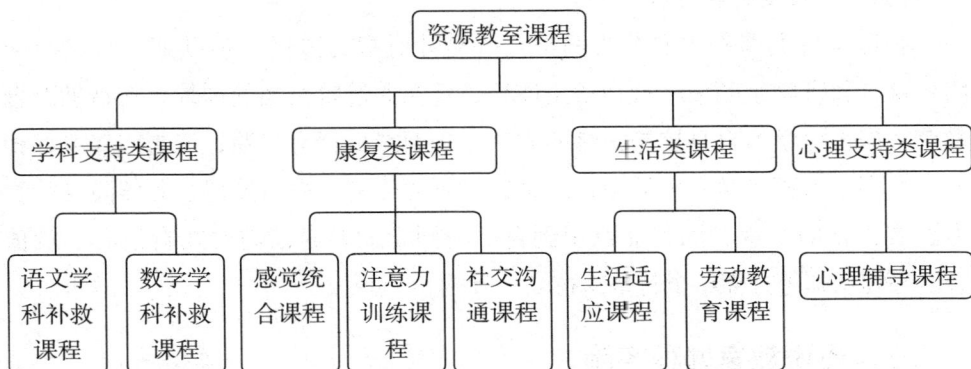

```
                        资源教室课程
        ┌──────────────┬──────────────┬──────────────┐
   学科支持类课程      康复类课程       生活类课程     心理支持类课程
    ┌─────┴─────┐  ┌──────┼──────┐  ┌─────┴─────┐        │
  语文学  数学学  感觉统  注意力  社交沟  生活适  劳动教  心理辅导课程
  科补救  科补救  合课程  训练课  通课程  应课程  育课程
  课程    课程           程
```

图2-3-2

（一）学科支持类课程

学科支持课程主要是针对特需学生的当前主学科预习、复习、补习来设计课程，主要包括语文、数学两门基础学科的资源教室课程。

1. 听力障碍随班就读学生的学科补救课程

听力障碍随班就读学生的学科补救课程主要以调整听力障碍随班就读学生的学习目标，为听力障碍随班就读学生开展语文、数学学科补救的课程，提升听力障碍随班就读学生的学业水平。

2. 培智随班就读学生的单元主题调整课程

培智随班就读学生的单元主题调整课程将学生的生活经验与学科知识进行整合，适当加重生活教育在调整性课程的比例，通过将普通学校潜在的生活教育需求提炼出来作为调整后的单元主题课程的教学内容，在一定程度上将学科知识生活化，着重整合随班就读学生的生活经验与学科知识，适当加重生活教育在调整性课程中的比例。

（二）康复类课程

资源教室康复类课程主要针对融合教育中特需学生某些功能发展不足而开发的课程，主要课程有感觉统合课程、注意力训练课程、社交沟通课程等。

（三）生活类课程

生活类课程着眼于特需学生现实生活和未来生涯发展、自理自立、保障生活质量的现实需求，开设以生活适应、劳动教育为主的资源教室课程，主要课程有生活适应、劳动技能、种植技能等。

（四）心理支持类课程

心理支持类课程主要分为两类：一是针对智力障碍、孤独症、情绪行为问题融合教育学生的情绪行为矫正课程，旨在通过阶段性的训练，在帮助融合教育特需学生学习自身控制情绪的方法，进而减少行为问题，能与同伴友好相处，顺利融入班级学习生活中；二是针对听力障碍、视力障碍、肢体障碍等智力发展正常的学生，因其能意识到自己与同学的差异而需要在自信心、价值观、心理认知等方面给予特别支持。

三、资源教室课程实施

课程实施是资源教室课程开展的实践过程。根据课程内容、校本讲义等选取合适的教学方法，编写课程实施方案，开展课程实践，使资源教室课程计划或方案进入教学过程。课程实施是资源教室课程建设的核心阶段，在此过程中要做好以下三项工作：一是要做好课程资源准备，可充分与区特教资源中心、巡回教师研讨，通过借用、设计特定教学具，提高课程实施效率；二是要充分遵循各类障碍学生的身心发展及认知规律，强调多感官刺激、生活化变式等；三是要高度重视家庭教育的作用，发挥好父母职能，利用好班级学科教学主阵地，少抽离、多外加。

（一）学科支持类课程的实施

学科支持类课程的实施者主要是学科教师+资源教室教师，区资源中心教师定期到资源教室给予辅助教学并督查资源教室教师课程实施情况。课程实施地点既可在资源教室，也可在教室、教师办公室等场所。课程的实施方式包括适合随班就读学生的单训课、小组课和集体课。

例如，融合教育特需学生的学科补救课程实施流程：个案评估—形成个别化教育计划—形成听力障碍随班就读学生学科补救性课程方案—单元目标调整纲要—进行课时设计—进行补救性教学活动设计—实施教学—教学评估。

又如，融合教育特需学生的单元主题调整课程实施流程：第一步，评估融合教育特需学生的学习起点，拟订特需学生个别化教育计划；第二步，根据IEP整理出特需学生的语文学科、数学学科教学目标；第三步，结合普通学校学期语文、数学教学内容，资源教室课程课时安排拟订学期资源教室学科课程主题，并在主题内增加生活经验和常识的学习内容，最终选择符合学生学习经验和学习需求的教学材料进行组织，形成调整后的单元主题教学材料；第四步，实施单元主题教学；第五步，修正教学；第六步，课程评估。

（二）康复类课程的实施

康复类课程的实施者主要是资源教室教师，区资源中心教师定期到资源教室给予辅助教学并督查资源教室教师课程实施情况。课程实施地点既可在资源教室，也可在匹配的各功能教室或其他场所。课程的实施方式包括适合随班就读学生的单训课、小组课。基于融合教育特需学生的发展需求，我们针对资源教室康复类课程主要开发了感觉统合课程、注意力训练课程和社交沟通课程。

资源教室感觉统合课程的开发立足学生的发展需求，参考相关的神经科学理论，基于融合教育特需学生的生理发育特点和运动发展需要，遵从趣味、充分体验的教学原则，借助专业的感觉统合器材，科学设置课程目标和课程内容，促使学生接受丰富合理的感官信息刺激，帮助他们开发大脑中枢神经系统，提高学生的身体协调性、注意力、情绪自控能力等，最终促使学生在学习生活和社交沟通等方面的能力得到提升。

资源教室注意力训练课程主要面向有注意缺陷多动障碍、学习障碍的融合教育特需学生，课程内容需要由资源教室教师主导设计，随读教师、家长配合参与。

资源教室社交沟通课程是基于融合教育特需学生学习质量提升的现实需求而设计，旨在通过社交沟通课程的干预，提升特需学生的社交沟通能力，创建融洽的人际互动环境，进而提升其整体的社交适应能力。资源教室社交沟通课程实施流程：个案评估、制订个别化教育计划、形成个别化社交课程方案、个别化介入方案、社交互动单元主题设计、教学活动设计、教学实施及课程评量。

（三）生活类课程的实施

生活类课程的实施者主要是资源教室教师、班主任或其他相关教师。课程实施地点既可在资源教室，也可在匹配的各功能教室或其他场所。课程的实施方式主要为小组课。

（四）心理支持类课程的实施

心理支持类课程的实施者主要是资源教室教师、心理教师、区资源中心教师或相关专业教师。课程实施地点既可在资源教室，也可在匹配的各功能教室或其他场所。课程的实施方式包括适合随班就读学生的单训课、小组课、集体课。

课程实施可集中安排为一周3~5次，当个案的情绪行为问题终止或大部分减少时便可终止课程。内容设计包含情绪上的进阶课程与行为上的平行课程，进阶课程需要个案在完全掌握了当前阶段目标时方能进入下一阶段的学习，而平行课程则可以配合在整个个训的每一节课中进行。

不同类型资源教室课程需要根据学生的具体情况进行安排。

四、资源教室课程评价

有"课程评价之父"美誉的泰勒把课程评价看作对课程目标实施达成程度的描述。资源教室课程评价是对资源教室课程价值的判断，评价既包括资源教室课程的实施效果，又包括资源教室课程实施的过程，通过对特需学生、执行教师、课程本身以及相关因素进行评价，了解有关的情况并修正完善资源教室课程。

资源教室课程评价的目的在于保证课程开发的合理性、科学性。资源教室课程建设通过对资源教室课程的评价，积极引导融合教育学校推进教学评价改革，关注过程，着眼发展，尊重差异、多元评价，充分发挥评价在改进特殊教育教学、促进特需学生发展中的积极作用，为融合教育优质发展奠定坚实的基础。

（一）理论基础

1. 融合的学生发展观

学生观是指对学生这一特殊的社会角色的认识和态度、期望的综合观念。它是教育观的一个最重要组成部分，直接影响着教育教学活动的目的、方式和效果。[1]融合理念下的学生观认为，学生的受教育权不受侵犯，享有平等进入教育系统、参与教育机会、获得教育结果的权利；学生间存在身心发展差异，但并无高低之分，教师须认识学生的独特个性、兴趣、能力和学习需求；教育活动以学生为中心，学生存在学习困难是由教育环境不利导致[2]。

发展是人类实现美好生活的必由之路，而学生发展是个人发展的一个重要阶段，既包含身体和心理的自然发展，也把学生放在一个受教育者的位置，即通过教育者有计划、有组织、有目的地对学生施加影响。每一个学生都是具有巨大发展潜力的个体，特需学生与普通学生存在共性，当然也有特殊性。共性表现在他们都是儿童，具有相同的身心发展规律，但特需学生可能因视觉、听觉、语言、动作、认知等方面受损，影响了其各领域发展的水平。特需学生是缺损与潜能并存的个体，缺损引起的障碍是可以在与环境的交互过程中得到发展的。

2. 个别化教育理论

个别化教育是植根在对学生个性、发展现状尊重的前提下，在对每个学生进行全面评价的基础上，为每个学生的发展制定培养目标，再根据目标选择相应的教育教学内容，并进行实施、效果评价。它具体包括个别化的教育诊断、个别化的发展目标、个别化的教育内容及实施途径、个别化的教育评价等要素。

个别化教育以学生为中心，真切观照每个学生的潜能开发、个性发展。特别是对于特殊学生来说，实施个别化教育有利于教师全面去观察和发现学生的长处，并给予有效的支持，充分体现"以人为本"的思想。

3. 特殊教育生态观

特殊教育生态观强调将特殊人群置于社会环境中分析，对特殊儿童的教育一方面要发掘他们自身的潜力以使其适应环境；另一方面社会环境也应该为特殊人群提供相应的支持系统（心理建构、家庭参与、学校教育、社区支持等相关支持），以帮助特殊人群适应社会，为弱势群体创建一个良好的社会生态环境。

---

① 赵小荣.学生观的历史演进及其对教学的启示［D］.兰州：西北师范大学，2005.
② 夏江东.全纳教育理念下教师学生观的考察与反思［D］.成都：四川师范大学，2013.

4. 现代教育评价理论

现代教育评价是相对于早期教育评价而言。与早期教育评价相比，现代教育评价显示出以下四个特点：①评价目的转变。现代教育评价更注重"创造适合儿童的教育"，即由早期的重视鉴定转向更加重视改进教与学，以最大限度地形成教育目标。②评价对象的扩展。现代教育评价的对象不仅包括教学领域，而且扩展到了所有教育领域，宏观和微观教育活动的一切方面皆可作为评价对象。③评价结果形式的革新。现代教育评价重视以数量、语言描述或二者结合的形式表示评价结果。④强调评价对象的参与。现代教育评价把评价对象看作评价的主体，强调评价对象自我评价的重要性，并引导评价对象参与从制定评价方案到取得评价结果的全过程，强调评价对象对评价结果的认同。

（二）评价原则

1. 尊重学生个体差异

随着区域融合教育的高质量发展，特殊学生障碍程度个体间差异较大，且个体内部也存在较大差异，因此现代教育评价应尊重学生的个体差异。

2. 坚持生活导向

特殊教育终极目标是服务特殊儿童的生存与发展，帮助他们融入主流社会。现代教育评价关注特殊儿童生活经验的积累和知识、技能的运用，倡导在生活情景和活动过程中突出以解决生活问题为重点的评价。

3. 提供多种支持

现代教育评价根据学生的个体差异提供个性化的测评需要，同时提供相应的支持服务，让学生在宽松的环境中充分发挥自己的能力水平。

4. 运用多种方式

现代教育评价采用书面测评与操作测评相结合的方式，对学生的言语沟通、理解水平、精细动作、认知能力、社会交往和生活自理等方面进行实际测评，并对每个学生的测评结果做出陈述性的评价。

5. 关注发展过程

评价结果不是目的，特殊学生的进步与发展才是特殊教育工作者追求的终极目标。因此，在特需学生综合素质评价方面，教师要更多地关注学生生活经验的积累和良好行为习惯的养成过程，看到学生在课堂教学中的点滴进步和变化，如特需学生问题行为的改观情况、作业书写整齐与否、教学活动的参与度、行为习惯的养成情况、认知水平的高低、生活经验的积累、思想态度的转变等。通过综合素质评价，教师看到了学生在知识经验积累、行为习惯养成、认知能力、体能康复和生活技能等方面的进步与发展，让教师对每一名特需学生的学习情况都有一个全面的了解和掌握，为今后改进教育教学、实施分层教学与个别化教学奠定基础。

（三）评价方式

结合各类融合教育特需学生身心特点及发展需要，对学生的评价采用过程评价与结果评价相结合、定量评价与定性评价相结合的评价方式，实施学校、教师、学生与家长对学生的多主体、多形式评价。

1. 学业表现评价

教师要组织学科考核，评估学科知识掌握情况，如生活语文、生活数学等学科的学业水平测评。

2. 档案袋评价

教师要为每一个学生建立成长档案袋，记录学生各阶段发展变化情况，这有利于家长纵向比较孩子的进步，有利于教师及时反思、调整教育教学；期末形成学生综合素质报告单，通过不同评价主体综合评价学生发展情况。

3. 功能提升（康复训练）前后测评价

资源教室教师、资源中心巡回教师等评估身心障碍学生的语言、动作、感觉统合、情绪行为等领域能力，为制订和调整课程实施计划提供科学参考依据。

4. 家长评价

每学期期末学校确定一天为家长评估日，由家长来评价学生在家庭和社区中的具体能力表现，进行情境性的评价，再交由教师整合。

第三章

资源教室学科支持类课程

资源教室学科支持类课程是资源教室课程体系的重要组成部分，是学生基础知识技能掌握的重要补充。科学有效地开展学科支持类课程有助于融合教育质量的提升。

语文、数学学科作为学生学习的基础性学科，对学生认识世界、探索世界具有重要作用。特需学生受种种因素制约，语文、数学学科的学习表现常常落后于普通学生。智力障碍学生受智力因素制约，在学科学习上需要较多支持，因此需要在资源教室开展学科支持课程。

本章以语文学科的识字领域及数学学科的数与代数领域这两个基础性领域的学科支持课程为重点，阐释如何基于智力障碍学生个案能力现状开展资源教室学科支持课程。

第一节　资源教室识字课程开发与实施实践

识字是贯穿学生小学阶段语文学习的重要内容，是阅读与写作及学习其他学科的基础。识字对于学生的生涯发展有重要意义。因认知能力受限，智力障碍随班就读学生在识字能力上与同龄人有显著差距，因此需要设计能让识字链接智力障碍学生生活、产生意义的资源教室识字课程进行补救教学，以提高智力障碍随班就读学生的识字有效性。笔者以成都市双流区某小学四年级一名中度智力障碍女生琪琪为例，探索以生活为核心的智力障碍随班就读学生识字课程的建设与实施路径，即识字能力评估—确定识字目标—建构识字主题单元及任务群—编写识字讲义—课时规划—设计实施生活化识字课程—基于真实情境的识字课程评价，希望能为智力障碍学生资源教室识字学科支持课程的开发与实施提供借鉴。

一、识字能力评估

（一）评估工具选择

课程评估是设计实施资源教室课程的起点。课程评估的关键因素之一就是课程评估工具的选择。科学有效的课程评估工具能为学生能力的精准评估、找到学生的起点能力及发展需求提供依据。

笔者团队先遵循以学生为中心，采用阶梯化施测的方式开展评估，以个案所在年级的识字表为测试工具，让其逐字认读。如果学生的识字正确率不足50%，则降至下一年级的写字表进行施测，依此类推。先对学生就读的年级写字表进行评估，如果学生的通过率低于20%，则逐级降低，最后发现学生的实际识字水平在一年级水平。因此，笔者找到南京大学出版社出版的王辉、宋修玲所著的《普通学校特殊需要学生课程评估工具》一年级语文学科识字、写字领域之识字领域，对学生的识字能力进行评估。汉字是音、形、义的结合体，因观察发现个案存在构音问题，所以笔者还采用《构音语音能力评估表》对学生的构音能力进行评估。

（二）评估内容

（1）《普通学校特殊需要学生课程评估工具》一年级语文学科识字、写字领域之识字领域评估，包含认读300个常见汉字、认识22个基本笔画和36个常用偏旁、认读汉语拼音三大板块。

（2）《构音语音能力评估表》。

（三）明确评估标准

评估者在使用语文评估手册和评估材料对特需学生进行评估时，要根据评估标准进行准确评判。本套评估工具的评估标准分为3、2、1、0四个等级分数，每个等级的分数代表着不同的表现水平。

3分：独立完成单一知识/技能，或独立完成多重知识/技能100%。

2分：独立完成或在单一支持下完成多重知识/技能60%及以上，或在单一支持下完成单一知识/技能。

1分：独立完成或在多重支持下完成多重知识/技能20%~60%，或在多重支持下完成单一知识/技能。

0分：独立完成或在多重支持下完成多重知识/技能20%以下，或在多重支持下无法完成单一知识/技能。

（四）评估结果与分析

1. 学生识字能力评估结果

经过科学的评估，学生在识字领域的评估结果见表3-1-1。

表3-1-1

一级目标	二级目标	评估项目 序号	评估项目 项目	评估内容/方法	评估记录	评估结果与分析 得分	评估结果与分析 分析	结论与建议
1. 能认读300个常用汉字	1.1 能认读300个常用汉字	1	认读300个常用汉字	1-1 认读汉字（300个）	正确率63% 不认识的字：足、山、鸟、土、棋、鸡、词、桌、妹、奶、反、皮、桥、羊、树、南、蛙、夏、男、丽、没、黄、猫、步、刀、处、久、众、森、灯、群、变、儿、影、服、朋、尾、娃、己、灯、睡、绿、竹、贝、医、院、桂、兔、公、诗、洞、鸟、最、芽、空、又、我、姐、叔、近、真、竞、升、以、更、路、活、许、办、要、快、说、双、觉、放、亮、穿、进、法、关、同、住、吧、玩（111个）	2	学生有一些字完全不认识，一些字认成了形近字，如将"刀"认成"力"，"狗"认成"猫"，"朋"认成"明"，"贝"认成"见"，"金"认成"全"，"同"认成"鸟"，"近"认成"木"，"打"认成"灯"；有些是以部件认字，如"法"认成"去"，"穿"认成"牙"	学生有一些常见的简单独体字不认识，可以先从独体字开始教识字；学生习得了一定的识字方法，如知道用部件来猜测汉字的含义，可见可以用一些识字方法教学生分类识字
		2	在提示下认读300个常用汉字	2-1 看词语/拼音，认图片，认读汉字（96个）	正确率：93% 不认识的字：近、短、否、鸡、鸭、纸、草（7个）	2	在图片及词语的提示下，学生仍然不认识这些字	对于在提示下还不认识的字需要特别教导
				2-2 看词语/拼音，认动作，认读汉字（19个）	正确率84% 不认识的字：穿、睡、找（3个）	2	在多重提示下仍然有3个不认识的字	需要结合各种识字方法加强学生识字能力

续表

一级目标	二级目标	评估项目 序号	评估项目 项目	评估内容/方法	评估记录	评估结果与分析 得分	评估结果与分析 分析	结论与建议
1. 能认识300个常用汉字	1.1 能认读300个常用汉字	2	在提示下认读300个常用汉字	2-3 所示拼音，找出汉字（185个）	正确率：81.6% 不认识的字：声、作、夏、医、服、晚、尖、什、快、话、给、群、步、要、到、办、还、已、呀、只、条、吧、觉、参、最、处、久、子、生（34个）	2	该测试是4个一组所读音者汉字，考查学生对音、形的结合能力	先分析学生不认识的字，再让学生有针对性地识字
	1.2 能根据语境说出/比画出201个常用字的意思	3	能根据语境说出/比画出201个常用字词的意思	3-1 用动作演示汉字的意思（19个）	正确率：100%	3	—	—
				3-2 用语言描述汉字的意思（182个）	学生不会用语言描述汉字的含义	0	学生不会用语言描述汉字含义	可以结合电脑辅助教学，联系生活经验等多种方式帮助学生了解汉字的含义
		4	根据语境找出90个常用字词的意思	4-1 用照对汉字，找出相应的图片（90个）	正确率：96%	2	"马、牛""鸡、鸭"代表的图片指错，学生指不出汉字对应的图片，主要原因是区辨不了汉字代表的具体事物	借助多媒体呈现这几个动物的视频，先了解这几个动物的特征，以了解汉字代表的具体含义，建立汉字与所代表含义的联系
2. 能认识22个基本笔画和36个常用偏旁	2.1 能认识22个基本笔画	5	说出22个基本笔画名称	5-1 看笔画，说出名称	正确率：14% 认错的笔画：提、竖弯钩、横折钩、斜钩、竖折折钩、横折、撇、横钩、横折钩、竖折钩、竖弯、卧钩、撇折、竖折钩、撇点、撇折（19个）	1	学生对于汉字基本的笔画认识不足，主要表现在折类笔画不认识，带钩的笔画不认识	在认识汉字字形时可以进行部件分解，引导学生对汉字基本笔画的关注

续表

一级目标	二级目标	序号	项目	评估内容/方法	评估记录	得分	分析	结论与建议
2. 能认识22个基本笔画和36个常用偏旁	2.1 能认识22个基本笔画	6	找出22个基本笔画	6-1 听笔画名称，找出相对应的笔画	正确率：63.7% 认错的笔画：横折、竖折、横折钩、斜钩、卧钩、横折弯钩、撇点、竖折弯钩（8个）	2	—	—
	2.2 能认识36个常用偏旁	7	说出36个常用偏旁名称	7-1 看偏旁说出名称	正确率：53% 不认识的偏旁：彳、龴、冖、乛、饣、门、忄、纟、扌、礻、攵、辶、宀（17个）	1	有些常见偏旁学生还不认识，影响学生自主识字能力的发展	可借助自理识字、象形识字等方法加强学生对基本偏旁的理解、认识
		8	找出36个常用偏旁	8-1 听偏旁名称，找出相应的偏旁	正确率：88.9% 不认识的偏旁：宀、忄、灬、刂（4个）	2		
3. 能认读汉语拼音	3.1 能认读23个声母	9	认读23个声母	9-1 看声母，读出它的发音	正确率：83% 不认识的声母：d、p、r、t（4个）	2	学生在单独指认声母时存在困难，说明其拼音的基础不牢固	可在认字时加强拼音拼读练习
		10	在提示下认读23个声母	10-1 看图片或评估者的动作、读口型、读出声母	正确率：86.9%	2	在图片及口型提示下对声母的认读正确率有提高	
	3.2 能认读24个韵母和4个声调	11	认读24个韵母和4个声调	11-1 看韵母，读出它的发音及四声调	可认读韵母，但是读出韵母的四声调有困难	0	可认读韵母，但是不会带声调读	—

续表

一级目标	二级目标	序号	项目	评估内容/方法	评估记录	得分	分析	结论与建议
3. 能认读汉语拼音	3.2 能认读24个韵母和4个声调	12	在提示下认读24个韵母和4个声调	12-1 看图片或评估者的动作、口型，读出韵母及四声	可认读韵母，但是读出韵母的四声声调有困难	0	可认读韵母，但是不会带声调读	—
	3.3 能认读16个整体认读音节	13	认读16个整体认读音节	13-1 看整体认读音节，读出它的发音	正确率：37.5% 不认识的整体认读音节：zhi、chi、shi、ri、yu、ye、yue、yuan、ying、yun（10个）	1	学生不认识的整体认读音节较多	在涉及学生不认识的整体认读音节的字时，教师可将拼音认字与其他方法识字相结合，并加强认读练习
		14	在提示下认读16个整体认读音节	14-1 看图片或评估者的动作、口型，读出整体认读音节	正确率：75% 学生认错的音节：zhi、chi、shi、ying（4个）	1	学生在提示下正确率有一定提升	
	3.4 能拼读音节	15	拼读双拼音节、三拼音节及音节词	15-1 看音节及音节词，读出它的发音	正确率：40% 学生读错的发音：bǎ、qiǔ、guǎ、chuǎn、huò、zhé zhǐ（8个）	1	学生的拼读能力较弱，还需要加强拼读练习	在识字时可有意识地加强拼音认读、拼读练习
		16	在提示下拼读25双拼音节、三拼音节及音节词	16-1 看图片或评估者的口型、动作，读出音节及音节词	正确率：80% 学生读错的发音：duī xuě rén、huò huò（5个）	1	—	—

2. 学生构音能力评估结果

在构音方面，学生语音清晰度达80%，主要存在平翘舌不分和前鼻韵、后鼻韵不分的构音问题：①发音替代：如将zh、ch、sh发成z、c、s，ang发成an，ing发成in，uan发成an；②发音歪曲：c发成z，r发成l。

3. 学生识字能力的优弱势分析

教师依据评估结果对学生的识字能力及构音能力进行系统的整理、分析，寻找学生识字能力的优弱势，撰写学生识字能力评估报告，为进行资源教室识字课程设计提供依据。综合分析发现，学生在识字方面的弱势有：①学生在认读汉字时存在的主要错误类型有形近字认错，如将"刀"认成"力"，将"贝"认成"见"；以部件代替整字，如将"法"认成"去"，"穿"认成"牙"；②学生不认识常见的偏旁，制约其自主识字能力的发展；③学生认识基本笔画有困难，主要是含"折"类、"钩"类的笔画不认识；④学生对字义的理解存在较大困难，可见必须将识字与学生的生活产生关联，让学生在生活实践中掌握字义；⑤拼音方面，学生部分声母不认识，存在整体认读音节认读困难、拼读困难。学生在识字方面的优势有：①学生习得了一定的识字方法，如知道用部件来猜测汉字，因此可以用一些识字方法教学生识字；②学生有一定的拼音基础，为拼音识字方法的运用打下有力的基础。

二、确定识字目标

根据前期的识字能力评估结果，笔者为琪琪确定了一学年总识字目标，即使用生活识字、情境识字、字理识字、部件识字等方法认识生字90个，认读词语37个，认识11个偏旁（"女字旁""木字旁""走之底""鸟字边""反文旁""反犬旁""八字头""穴字头""门字框""提手旁""言字旁"）。

三、识字内容建构与实施

（一）识字课程内容建构

根据姚林群、李杨茹、刘畅等的观点，教师应重点从情境、内容、过程和策略四维度综合发展学生识字能力。情境维度主要方面包括家庭、学校、社会的原生情境以及电子媒介的媒介情境；内容维度方面主要包括"音形义"知识、识字数量与识字态度习惯；过程维度方面主要关注学生识记、巩固与迁移的识字全过程；策略维度主要引导学生建立认知、元认知以及资源管理策略，帮助学生逐渐习得多种识字方法，发展思维能力。

　　鉴于此，本资源教室识字课程根据学生识字能力评估结果中不认识的字，依据生活情境，聚焦文字特征，建构识字内容，即以生活适应为核心，围绕个人生活、家庭生活、学校生活、社区生活等情境对目标汉字进行归类，划分识字单元，依据识字单元编写识字讲义，设计识字活动。具体而言，识字课程内容的构建路径有两条。

　　路径一：从生活角度出发，依据学生"个人生活""学校生活""家庭生活""社区生活""自然生活"五大主要生活情境将目标生字归类，聚焦真实情境，设置真实任务，生成识字大主题，强调生字的"迁移运用"。以本资源教室识字课程为例，本资源教室识字课程根据评估结果，确定学年、学期以及月识字目标；将每月识字内容整合提炼，确定"早起的一天""我的家人""我的社区""上学了""美丽大自然""我的家""金秋十月""农场的动物"八大人文主题，生成识字单元，设置"自己的事情自己做""介绍我的家人""欢迎来我家""陪爷爷下棋""我的老师同学""爱惜学习用品""去郊游""逛公园""农场帮帮忙""吃大餐"若干项任务群；再依据人文主题与任务群，编写讲义，以儿歌、故事、综合实践活动等形式呈现，作为随班就读学生资源教室识字课程的主要教学材料进行使用。

　　以大单元主题"农场的动物"为例，活动一"农场帮帮忙"，借助多媒体，设置走进农场情境，引导学生认识常见的"鸡、鸭、鹅、鸟、兔、牛、羊"动物，让学生在真实情境中观察动物特点，引导学生做一个留心观察动物的人。活动二"吃大餐"，借助现代信息技术，创设模拟农场、菜市场、餐厅等情境，提供动物视频、音频、图片等，调动学生多感官识字"鸡、鸭、鹅、鸟、兔、牛、羊"；引导学生认读"烧鸡公店""芭夯兔""潮汕牛肉火锅"等店名，看菜单，读"宫保鸡丁""红烧鸭""羊肉汤"菜名，点菜品，既识记"鸡、鸭、鹅、鸟、兔、牛、羊"等生字，又品尝四川及中国传统特色美食，了解中国饮食文化，增强学生识字兴趣。

　　路径二：聚焦文字特征本身，强调"音、形、义"三者统一，从数量、策略、过程等方面关注特殊学生识字活动的全过程，强调汉字的"识记"。继续以"农场的动物"为例，本资源教室识字课程通过图示识字法演示"羊、鸡、牛"等象形字的演变过程，加深学生汉字记忆，帮助学生了解汉字字义；字形方面，主要利用图画、笔画、部件等让学生辨别字形，常用识字方法有熟字带新字、部件识字等，如鸡与鸭，猫与狗识字中使用部件识字法，引导学生先看结构，再看部件，观察对比了解形声字特点；字音教学方面，主要包括同音字和近音字的教学、多音字教学等，以教师范读为主，学生跟读、多媒体字音教读帮助学生准确发音，对随班就读学生的发音障碍问题设计语言康复的个训目标。

本资源教室识字课程预计通过8个教学月完成生字学习，1个教学月复习巩固，达成学年总识字目标。识字课程内容建构见表3-1-2。

表3-1-2

场景	识字内容	时间	识字主题	任务群
个人生活	生字：男、孩、穿、服、挂、给、找、睡、穿、皮、己、足、升、起、得、久 词语：男孩、衣服、睡觉、皮球、自己	3月	早起的一天	任务一：自己的事情自己做
家庭生活	生字：妹、奶、娃、姐、叔、儿、谁 词语：妹妹、奶奶、姐姐、娃娃、叔叔	4月	我的家人	任务一：介绍我的家人
	生字：刀、桌、伞、住、关、灯、亮、进、双 词语：桌子、雨伞、关灯、进来	5月	我的家	任务一：欢迎来我家玩
社区生活	生字：棋、众、玩、院、桥、活 词语：旁边、下棋、玩耍、观众、参加	6月	我的社区	任务一：陪爷爷下棋
学校生活	生字：老、师、谁、说、问、朋、放、没、反 词语：老师、朋友 生字：本、两、许、纸、尖、诗、词、加、法 词语：本子、两个、许多、古诗、词语、加法	9月	上学了	任务一：我的老师和同学 任务二：爱惜学习用品

续表

场景	识字内容	时间	识字主题	任务群
自然生活	生字：山、土、竹、桥、树、洞、绿、芽、夏、杏、丽、吧、真、更 词语：高山、夏天、美丽、树木 生字：南、近、边、空、尘、又、金、黄、蓝、处、变、就 词语：金黄、尘土、天空	10月	美丽大自然 金秋十月	任务一：山村郊游 任务二：逛公园
	生字：兔、鸟、乌、公、鸡、鸭、猫、狗、羊、贝、尾、弯、短、群、养、最 词语：公鸡、鸭子、尾巴、一群	11月、12月	农场的动物	任务一：农场帮帮忙 任务二：吃大餐

　　每一个人文主题内识字目标的达成，既需要依托真实情境的理解记忆，又需要聚焦生字"音形义"本质特征，提供精准的识字教法支持与学法指导。两条路径互相补充，互相促进，是相辅相成的关系。

（二）识字课程教学课例

1. 资源教室识字课程教学课例《猫》教学活动设计

资源教室识字课程教学活动设计见表3-1-3。

表3-1-3

课时主题	《猫》（普校教材）
课型	新授课☑　章/单元复习课□　专题复习课□　习题/试卷讲评课□　学科实践活动课□　其他□
课时学习目标	（1）结合生活实际、结合语境、结合动作、形声字的构字规律等方法认识"虑、职、蹭、稿"4个字，培养学生识字意识。引导学生正确书写"贪"，让学生尝试练习把撇和捺写舒展。 （2）正确、大声跟读三个句子。 （3）通过观看视频，认识猫的各种动作，学习小猫"蹭"的动作，并根据图片夸夸小猫
课时评价任务	（1）能在适当提示下正确认读目标生字，争取书写生字"贪"，能用动作或造句来使用目标词语。 （2）能跟读或在引导下，着重读句子中的部分词语，读出情感。 （3）能表达自己对文中猫的感受

课时学习内容分析	《猫》是著名作家老舍的作品，文章短小，但内容具体，描述生动，构思精巧，是一篇令人百读不厌的文章。作者细致、生动地描述了猫的古怪性格和小猫满月时的淘气可爱，字里行间流露出对猫的喜爱之情。 借助文本的学习认识生字，读准"凭、蹭、腔、殃"4个后鼻韵的生字，学习多音字"凭、折"的读音，写好"遭、虑"等难点字。运用找总起句的方法把握课文的主要内容。通过勾画、批注描写猫的语句，感受作者对猫的喜爱之情
课时学生实际水平	（1）识字与写字：注意力缺陷的学生由于注意力不集中，在集中教读和记忆上都有一定难度，需要以其能较好接受的多种方法，给予有针对性的引导，这样琪琪才能对生字词有一定的印象，且需要多次重复和课后巩固，才能基本记住这些字词。琪琪因为注意力的原因，笔画之间的书写连贯度不高，书写较慢，且对书写时笔画的长短、走势等控制得也不好。 （2）阅读与鉴赏：能跟读句子，语言不太连贯，不能独立朗读段落和课文。无法较好地表达词语的意思，但可以通过意思说出部分简单的词语。能通过学习和问答说出自己对事物的情感。 （3）表达与交流：乐于表达，乐于倾听，但由于注意力不集中，不能认真听清楚内容和抓重点。 （4）梳理与探究：能判断出字的结构，能在引导下说出某一笔画的特点，但缺乏独立识字和写字的能力。梳理与探究水平整体处于较低层次
学习过程设计	（1）谈话导入 ①师：琪琪，你喜欢小动物吗？最喜欢什么小动物？ 师和琪琪互动，讨论。 ②出示图片： 师：看，这是什么小动物？（PPT出示课题）（琪琪回答并在田格本上书写"猫"）（巩固反犬旁的字） ③说说这是一只什么样的小猫。 可爱、调皮、贪玩。（PPT出示各种小猫的图片）（琪琪试着用词语形容猫） （2）理解课文（以绘本形式呈现） ①小猫非常贪玩。 出示图片，让生看图片，读句子。 认读词语"贪玩"，强调tan的读音。 （在识字评估办报告中，琪琪在单独指认声母时，发t的音较难） ②书写"贪"字，用描一描的方式书写。 ③小猫用身子蹭你的腿。 多张图片出示小猫"蹭"的动作。体现"蹭"的动作。 生学习并会用动作做出"蹭"。 ④师小结：原来小猫很贪玩，爱蹭头、蹭腿、蹭地板。下面再来看看这是一只什么样的小猫。

续表

| 学习过程设计 | ⑤ 小猫很淘气。
出示图片，旁边出示句子"小猫很淘气"
（3）练习巩固
① 复习：贪玩、蹭、淘气（读词语）。
② 看图片说说这是什么样的猫。
用句子：这是一只（　　　）的小猫。
③ 读句子
a. 小猫很贪玩。
b. 小猫用身子蹭你的腿。
c. 小猫很淘气。
d. 课后延伸
在生活中观察猫，并说说猫在做什么。

　 |

2. 资源教室识字课程教学课例《猫》学习单

资源教室识字课程教学学习单见表3-1-4。

表3-1-4

课时主题	《猫》（普校教材）

1. 亲爱的琪琪，请你把书翻到48页，和兰老师一起学习《猫》这篇课文吧！
2. 猫（小猫）（猫咪）

猫	猫				

3. 贪（贪玩）（贪吃）

贪	贪				

4. 我会读词语
　māo　zhí　　bǐng　cèng
小猫　职业　屏息　蹭一蹭
gǎo　　tān　　yāng　　shé
稿纸　贪玩　瓜秧　枝折花落
5. 我会读句子
（1）小猫很贪玩。
（2）小猫用身子蹭你的腿。
（3）小猫很淘气。
6. 说一说
我今天认识了一只（　　　）的猫。

四、识字课程评价

评价包括过程性评价与终结性评价。过程性评价主要是在教学过程中，及时反映学生的识字情况，促进教师调整教学策略，完善教学过程。终结性评价主要包括识字课程教学后和过程性评价的综合结果，反映学生真实学习水平。

本资源教室识字课程共包含八大主题。一个主题对应一个阶段性评价任务群，一个单元对应一个即时评价任务群，每个评价任务群包含多个评价小任务，分布在课前、课中、课后。课前主要是感知类作业，让学生初步感知单元学习内容。课中主要是当堂检测作业，涵盖认读/跟读生字、词语；字形方面有认识笔画、部首、结构，区辨形近字等；字义方面涉及组词、造句；书写方面包括描写、抄写。以上作业穿插在教学实施环节中，以检测学习目标达成情况。课后主要是综合实践类作业，侧重于让学生在生活中运用所学汉字，解决生活真实问题，提高学生社会适应力。

以自然生活场景"农场的动物"识字主题为例。

课前感知类作业包括：到农场看一看鸡、鸭、兔、羊，在社区里找一找，摸一摸猫、狗，用照片的形式记录，并说一说它们都有什么特征，积累感性经验。

课中的当堂检测作业包括：一是听词语找图片，如听到词语"山羊"，圈出"山羊"的图片；听到词语"小狗"，圈出"小狗"的图片。二是图文配对，将动物的图片与动物的名称进行图文配对连线。三是形近字的区分，如鸡与鸭、鸟与乌等，请她观察后说一说形近字的异同，并给生字口头组词。四是看图片抄写词语，出示动物的图片以及名称，并将其名称按笔顺规则抄写在田字格内。五是结合图片说句子，如出示一幅农场的图片，请她用一段话描述图片内容。通过以上练习巩固随班就读学生对汉字音形义的掌握，注重随班就读学生对汉字的理解运用。

课后的综合实践作业主要包括：去社区留心观察，发现这些汉字，把它们拍下来，认一认、读一读；写下自己想吃的菜单，与家人一起列出食材清单，在家人的陪同下去超市、菜市场购买原材料，回家一起动手做一做；外出餐厅就餐时，尝试认一认菜单，点一点菜；将所学的汉字运用到生活中，尝试解决生活问题，为今后适应生活、融入社区夯实基础。

　　本资源教室识字课程通过单元教学的即时评价与大主题教学的阶段性评价任务相结合，形成过程性评价，在这个过程中秉持以下四个原则：一是评价主体多元，涉及学生、教师、家长。学生主要是自评与他评相结合，在自评中充分发展学生的自我决策力、在他评中培养学生的人际沟通交往能力；教师通过点出问题、评出优点，鼓励学生自我修正，保持学生积极的学习态度；家长通过校外活动等方面反馈结果，实现家校共育，使得评价结果更加全面。二是评价方式多样化，通过多种评价方式，灵活反馈评价结果。运用指一指、画一画、圈一圈、读一读、写一写等方式帮助学生识记汉字。三是评价情景广泛化，不仅包括普通的学习场景——在校学习，还包括真实生活，如在生活中参与家庭、社区活动，将所学的汉字用于解决真实生活问题，看指路牌、阅读简单的说明书、逛超市看标签名称、认公共设施名称、看公告栏等。四是巧用评价结果，增强学生学习动机，将评价结果呈现给学生，让学生体验学习的乐趣，获得学业成就感，培养学生自主学习汉字的意识。

　　最后在识字课程教学结束后，本资源教室识字课程再次进行评估，将评估结果结合过程性评价综合考量，得出学生的终结性评价结果，真实反映识字教学效果；让资源教室成为随班就读学生的能量补给站，帮助随班就读学生提高学业水平与社会适应力，为学生今后个人生涯发展夯实基础。

第二节 "数与运算"课程开发与实施实践

数学作为一门基础学科，是基础教育的重要组成部分，同样是学生全面发展的重要基石。数学成绩不仅会影响学生自身的学业水平表现，还会对其他科目的学习产生影响。对随班就读学生而言，数学不仅是一项学业内容，更是生活、就业等必备技能之一。

"数与代数"作为小学数学四大领域内容之一，主要包括"数与运算"和"数量关系"两个主题。因认知能力受限，学习障碍随班就读学生在"数与运算"能力上与同龄人有显著差距。因此需要设计相应课程，帮助学习障碍随班就读学生适应日常生活、发展逻辑思维，以此提高学习障碍随班就读学生的"数与运算"能力的发展。

一、课程定位与思路

"数与运算"课程是资源教室数学学科支持类课程。"数与运算"课程在小学阶段主要包括整数、小数、分数四则运算和三步以内的四则混合运算的内容。

笔者以成都市双流区某小学二年级一名中度学习障碍男生（小Q）为例，探索以日常生活为核心的学习障碍学生"数与运算"课程的开发与实施路径，即评估数学学习起点，拟订IEP（个别化教育计划）—根据IEP整理出"数与运算"课程目标—拟订学期资源教室"数与运算"课程主题，形成单元主题教学材料—实施单元主题教学，做好问题收集—修正单元主题教学—"数与运算"课程评估。

二、课程本位评估

数与运算既包括数的概念，也包括数的运算，它们分别是所有数学概念、数学运算的基础。那么小学低段学习障碍学生数与运算究竟处在什么水平？如何多方面准确评估学生的数与运算能力？我们将在这一节中进一步讨论上述问题。

（一）评估主体

1. 区级特殊教育资源中心专业教师

在日常学习生活中，如果学生学业成绩一直表现差，并伴有阅读障碍（形近字"甲"和"由"区分不清）、书写障碍（"6"和"9"辨认不清、字迹潦草、不能把字写在规定的田字格中）、计算技能障碍（不能理解抽象符号，特别是减法和除法的计算有较大困难）。除学业不良外，这类学生还出现注意力不集中、动作迟缓和身体协调能力不良、缺乏学习动机和兴趣、活动过度和冲动，容易出现问题行为、违纪行为，继而引发各种情绪行为等表现。

作为普通小学的教师，我们应该尽早发现，尽早上报给学校负责融合教育的部门，让其安排区级特殊教育资源中心专业教师进行诊断评估。

2. 普通小学教师

学习障碍是一种神经性发展障碍，可能表现在听、想、说、读、写、拼音或计算等方面的能力不足上，但不是由智力、感官、肢体障碍或环境问题造成的。学习障碍有阅读障碍、书写障碍和数学障碍。在这里，我们主要学习如何评估学习障碍学生在数与运算方面所达到的水平。（以成都市双流区某小学二年级一名中度学习障碍男生为例）

第一，参照《义务教学数学课程标准（2022年版）》中第一学段（1~2年级）有关"数与运算"目标及相应评价内容对学习障碍学生进行评估，发现该生的"数与运算"能力大致处于一年级的水平。

第二，使用由王辉、宋修玲著，南京大学出版社出版的《普通学校特殊需要学生课程评估工具》（一年级数学）进行进一步评估，确定学习障碍学生"数与运算"水平处于一年级上册水平。

课程标准中"数与运算"目标与学生个案当前数与运算水平对比见表3-2-1。

表3-2-1

《义务教育数学课程标准（2022年版）》一年级"数与运算"目标	学习障碍学生当前数学学习水平
（1）经历简单的数的抽象过程，认识万以内的数，能进行简单的整数四则运算，形成初步的数感、符号意识和运算能力	（1）会认、读、写20以内的数，明白这些数表示的含义，但对于数字6和9的分辨还需教师口头提醒或手势提示。 （2）能熟练计算5以内的加减法，但需要借助手指或小棒才能计算10以内的加减法
（2）能在教师的指导下，从日常生活中提出简单的数学问题，尝试运用所学的知识和方法解决问题。在解决问题的过程中，感悟分析问题和解决问题的基本方法，感受数学在生活中的应用，形成初步的几何直观和应用意识	（1）在教师的指导下，能从日常生活中提出简单的数学问题，尝试运用所学的知识和方法解决问题。 （2）在解决问题的过程中，缺少分析问题和解决问题的基本方法

（二）评估工具

1. 评估工具的选择

选用王辉、宋修玲著，南京大学出版社出版的《普通学校特殊需要学生课程评估工具》（一年级数学）进行评估。该评估工具主要包括评估手册和评估材料两部分，适用于普通小学中随班就读学生以及其他有特殊需要的学生。依据这套课程评估工具，教师可以了解学生已有的"数与运算"知识和技能、下一阶段的学习目标，以此来规范、合理地制订学习障碍学生的个别化教育计划、"数与运算"学期教学计划，设计与实施有效的课堂教学。

数学·一年级（上册）"数与运算"评估内容/方法（部分）见表3-2-2。

表3-2-2

一级目标	二级目标	三级目标	评估项目		评估内容/方法
			序号	项目	
能认识20以内的数	能在具体情境中理解20以内数的意义	能数出（说出／比画出）具体情境中10以内物体的个数	1	数出（说出／比画出）10以内物体的个数	看图回答问题（见材料一）
					数出圆圈里物体的个数（见材料二）

一级目标	二级目标	三级目标	评估项目 序号	评估项目 项目	评估内容/方法
能认识20以内的数	能在具体情境中理解20以内数的意义	能数出（说出/比画出）具体情境中10以内物体的个数	2	在提示下数出（说出/比画出）10以内物体的个数	看图回答问题（见材料一） 数出圆圈里物体的个数（见材料二）（动作/语言等提示）
		能拿出与10以内数相对应的物体	3	拿出与10以内数相对应的物体	按要求拿小棒（如拿出8根小棒）
			4	在提示下拿出与10以内数相对应的物体	按要求拿小棒（如拿出8根小棒）（动作/语言等提示）
		能数出（说出/比画出）具体情境中与11～20相对应的物体的个数	5	数出（说出/比画出）具体情境中与数字11~20相对应的物体的个数	看图回答问题（见材料三）
			6	在提示下数出（说出/比画出）具体情境中与数字11～20相对应的物体的个数	看图回答问题（见材料三）（动作/语言等提示）
		能拿出与11～20相对应的物体	7	拿出与数字11～20相对应的物体	拿出与数字相对应的小棒（如拿出14根小棒）
			8	在提示下拿出与数字11～20相对应的物体	拿出与数字相对应的小棒（如拿出14根小棒）（动作/语言等提示）

注：①表格中的一级目标、二级目标均来自义务教育数学课程标准第一学段目标，三级目标是结合现行一年级上册数学教材对二级目标分解而来。②每个三级目标下设计2~3个评估项目，同一个三级目标下的评估项目是按照由独立到提示或由难到易排列。

2. 评估工具的使用

数学·一年级（上册）"数与运算"评估记录（部分）见表3-2-3。

表3-2-3

三级目标	评估项目		评估内容/方法	评估记录	评估结果
	序号	项目			
能数出（说出/比画出）具体情境中10以内物体的个数	1	数出（说出/比画出）10以内物体的个数	看图回答问题（见材料一）数出圆圈里物体的个数（见材料二）	能全部独立数出10个数字对应的物体	3
				能独立数对6个，正确率60%	2
				能独立认读3~4个，正确率30%~40%	1
				正确率低于20%	0
	2	在提示下数出（说出/比画出）10以内物体的个数	看图回答问题（见材料一）数出圆圈里物体的个数（见材料二）（动作/语言等提示）	在单一提示下完成	2
				在两种或两种以上提示下完成	1
				在多种提示下仍然无法完成	0

评估时，教师先从第一个评估项目开始，如果学生在该评估项目上全部通过，直接跳到下一个三级目标的评估项目"1"继续评估，依此类推。

对通过的项目在评估手册的"评估记录"栏中记录评估结果。本套评估工具的评估标准分为"3、2、1、0"四个等级分数，每个等级的分数代表着不同的表现水平。3分：独立完成单一知识/技能，或独立完成多重知识/技能100%。2分：独立完成或在单一支持下完成多重知识/技能60%及以上，或在单一支持下完成单一知识/技能。1分：独立完成或在多重支持下完成多重知识/技能20%~60%，或在多重支持下完成单一知识/技能。0分：独立完成或在多重支持下完成多重知识/技能20%以下，或在多重支持下无法完成单一知识/技能。

如果学生在评估项目1（独立完成项目）没有全部通过，就进入评估项目2（提示下完成项目）继续评估未通过的评估内容。（计分标准如表3-2-3所示）其中2分项和1分项是学生可接近性学习目标，从中选择迫切需要的学习项目，作为下一阶段的学习目标，填写在"结论与建议"中。

三、课程目标与内容

（一）课程目标

课程目标是课程建设的基础和核心，是课程的灵魂。在确定"数与运算"课程目标时，教师既要考虑义务教育阶段的数学总要求，又要考虑学习障碍学生的身心发展水平、学习特点规律，还要研究义务教育阶段小学数学本身的特点。只有综合这几方面的要素，才能制定出具有实践性的课程目标。

义务教育阶段的数学学习，要求学生逐步会用数学的眼光观察现实世界，会用数学的思维思考现实世界，会用数学的语言表达现实世界（以下简称"三会"）。培智学校义务教育阶段的生活数学学习总目标包括知识技能、数学思考、问题解决、情感交流四方面。

在《义务教育数学课程标准（2022年版）》和《培智学校义务教育生活数学课程标准（2016年版）》提出的总目标的基础上，结合小学低段学习障碍学生身心发展特点和认知规律。"数与运算"课程总目标包括以下三方面。

（1）经历简单的数的抽象过程，认识万以内的数，能进行简单的整数四则运算，形成初步的数感、符号意识和运算能力。

（2）能在教师的指导下，从日常生活中提出简单的数学问题，尝试运用所学的知识和方法解决问题，形成初步的几何直观和应用意识。运用数学的思维方式进行思考、简单推理，增强解决日常生活中简单数学问题的能力。

（3）通过操作、游戏、制作等丰富多彩的活动，对数学产生一定的好奇心，形成学习数学的兴趣，养成初步的合作交流意识与独立思考的学习习惯。

（二）课程内容

课程内容是指教学活动中所涉及的知识、技能、能力、素质等方面的内容，是学生在课堂上学习和掌握的内容。"数与运算"课程内容是将目标转化为学能的中间环节，是教学活动设计和实施的主要依据。

1. 选择内容的依据

首先，内容应符合小学低段数学教育的目标，确保以促进学生"数与运算"能力、思维发展为核心来实施数学教育；其次，内容要遵循数学知识本身的科学性、系统性，由浅入深、循序渐进；再次，内容要考虑学习障碍学生认知发展特点和规律；最后，内容还要结合学习障碍学生的生活经验和背景，多选择学生感兴趣、实用、密切联系其生活的内容。

2. 课程内容的安排与调整

数学·一年级（上册）"数与运算"教学内容明细见表3-2-4。

表3-2-4

认识20以内的数	在具体情境中理解20以内数的意义	1.1 数出（说出/比画出）具体情境中10以内物体的个数
		1.2 拿出与数字1～5相对应的物体
		1.3 拿出与数字6～10相对应的物体
		4.1 数出（说出/比画出）具体情境中与11～20相对应的物体的个数
		4.2 拿出与11～20相对应的物体
	认、读、写20以内的数	1.4 认读10以内的数
		4.3 认读11～20各数
		1.5 写出1～5的数
		1.6 写出6～10的数
		4.4 写出11～20各数
	用20以内的数表示物体的个数或事物的顺序和位置	1.7 用10以内的数表示物体的个数
		4.5 用11～20的数表示物体的个数
		1.8 用10以内的数表示事物的顺序和位置
		4.6 用11～20的数表示事物的顺序和位置
	理解符号<、=、>的含义，用符号和词语描述20以内数的大小	2.1 比较物体的多少、长短、高矮、轻重
		2.2 说出符号<、=、>的含义，认、读、写符号<、=、>
		2.3 比较1～5数的大小
		2.4 比较6～10数的大小
		4.7 比较11～20几个数的大小
运算20以内的数	10以内数的"分"与"合"	3.1 说出/比画出"分"与"合"的含义 说出/比画出/写出数字1～5的"分"与"合"
		3.4 说出/比画出/写出数字6、7的"分"与"合"
		3.5 说出/比画出/写出数字8、9的"分"与"合"
		3.6 说出/比画出/写出数字10的"分"与"合"

续表

运算20以内的数	在具体情境中理解加法和减法的意义	3.2 说出/比画出加法的意义
		3.3 说出/比画出减法的意义
		5.1 知道11～20各数的组成
	熟练口算20以内的加减法	3.7 熟练口算10以内的加法
		3.8 熟练口算10以内的减法
		3.9 熟练口算10以内的加减混合运算
		5.2 熟练口算20以内的加法
	交流自己的算法	5.3 交流20以内加法的计算过程
	用20以内的加减法解决生活中简单的问题	5.4 根据图意/题意，用20以内的加法来解答实际问题
		5.5 根据图意/题意，用20以内的减法来解答实际问题

注：表格中的1.1对应下面将介绍的"主题化呈现"的第一单元第1课时的教学内容。

四、课程实施与评价

课程实施是资源教室课程开展的实践过程。教育活动是由师生双方、环境、材料、时空等因素构成的，带有特定情境性的一种动态性活动，因此，课程实施环节对教师而言就成为一项比较复杂的工作。

（一）课程总体规划

课程计划是教育过程中不可或缺的一部分，一份好的课程计划能够使教学更加有序、高效，帮助学习障碍学生更好地掌握"数与运算"知识与技能。

在制订课程计划时，教师需要结合数学学科特点和学习障碍学生实际情况，合理安排主题和目标，注意细节和注意事项，以确保教学质量和效果。

小学低段学习障碍学生"数与运算"课程总体规划见表3-2-5。

表3-2-5

总目标	内容	具体目标	课程计划课时
知识技能	通过点数物体的个数，并能说出总数、按数取物，掌握计数原则	认识20以内的数 运算20以内的数	30课时
	经历数的抽象、运算等过程，掌握数的基本概念和基本运算	认识100以内的数 运算100以内的数 探索规律	40课时

续表

总目标	内容	具体目标	课程计划课时
知识技能	经历在实际问题中收集和处理数据、利用数据分析问题、获取信息的过程，解决日常生活中简单数学问题	运算100以内的数；运算表内乘除法	40课时
		认识万以内的数；运算万以内的数；运算表内乘除法	30课时
数学思考	初步建立数感、符号意识，初步形成运算能力	—	小学低段
	初步发展数据分析观念，感受数据中蕴含的信息		
	参与数学活动，初步发展思维能力，能表达自己的想法		
问题解决	初步运用已有的数学知识与数学活动经验解决简单的实际问题，增强应用意识		小学低段
	初步获得分析问题和解决问题的基本方法，体验解决问题方法的多样性		
	学会独立思考、与他人合作交流		
情感态度	积极参与数学活动，对数学感兴趣		小学低段
	体验获得成功的乐趣，建立数学学习的自信心		
	体会数学的特点，了解数学在生活中的价值		
	养成独立思考、合作交流等学习习惯	课前预习习惯	
		课前准备习惯	
		课堂学习习惯	

（二）主题化呈现

小学数学"数与运算"板块内容极为丰富，教师要依据教材内容、教学进度，以及学习障碍学生的年龄和心理特点，从其已有的数学知识和生活经验出发，选择出一些新奇的、生动的、灵巧多样的、富于变化的、使学生感觉开朗风趣的内容，以主题化的形式展开活动。

数学·一年级（上册）"数与运算"课程内容主题化呈现明细见表3-2-6。

表3-2-6

课程内容	对应主题
1.1 数出（说出/比画出）具体情境中10以内物体的个数	可爱的校园
1.2 拿出与数字1~5相对应的物体	动物乐园
1.3 拿出与数字6~10相对应的物体	市场买菜
4.1 数出（说出/比画出）具体情境中与11~20相对应的物体的个数	七彩泡泡
4.2 拿出与11~20相对应的物体	文具店
1.4 认读10以内的数	我的宝贝
4.3 认读11~20各数	操场上
1.5 写出1~5的数	我会写数字
1.6 写出6~10的数	趣味学写字
4.4 写出11~20各数	看图写数
1.7 用10以内的数表示物体的个数	班级活动真热闹
4.5 用11~20的数表示物体的个数	买水果
1.8 用10以内的数表示事物的顺序和位置	森林运动会
4.6 用11~20的数表示事物的顺序和位置	神奇的火车
2.1 比较物体的多少、长短、高矮、轻重	大家来比赛
2.2 说出符号<、=、>的含义，认、读、写符号<、=、>	动物乐园
2.3 比较1~5数的大小	动物搬家
2.4 比较6~10数的大小	快乐的午餐
4.7 比较11~20两个数的大小	文具大比拼
3.1 说出/比画出"分"与"合"的含义 说出/比画出/写出数字1~5的"分"与"合"	神奇的数字
3.4 说出/比画出/写出数字6、7的"分"与"合"	猜数游戏
3.5 说出/比画出/写出数字8、9的"分"与"合"	背土豆
3.6 说出/比画出/写出数字10的"分"与"合"	小鸡吃食
3.2 说出/比画出加法的意义	一共有多少
3.3 说出/比画出减法的意义	还剩下多少
5.1 知道11~20各数的组成	古人计数
3.7 熟练口算10以内的加法	昆虫的聚会
3.8 熟练口算10以内的减法	图形的比较
3.9 熟练口算10以内的加减混合运算	乘车

续表

课程内容	对应主题
5.2 熟练口算20以内的加法	好玩的玩具
5.3 交流20以内加法的计算过程	有趣的操场
5.4 根据图意/题意，用20以内的加法来解答实际问题	可爱的小鸟
5.5 根据图意/题意，用20以内的减法来解答实际问题	美丽的蝴蝶

（三）课例

数学教育活动的设计实际上是一种预设活动，这种预设活动是否能真正帮助学习障碍学生发展"数与运算"能力，达到预期设定的目标，关键在于活动的实施进程。接下来，笔者将以5.1《古人计数》这课为例，完整展示课例组织和实施过程。

1. 初步分析《古人计数》一课

参照《义务教育数学课程标准（2022年版）》、教师指导用书，从学习目标、学习内容、学习重难点、评价任务四方面初步分析《古人计数》这课。课例《古人计数》内容分析见表3-2-7。

表3-2-7

学习目标	本节课是第五单元的一课，主要是认识11~20各数，这是帮助学生建立数位概念的重要知识点之一。从本课起，学生对数的认识不仅仅是单独的一个一个数，而是以十为一群进行数数，这是建立十进制数位的重要阶段。让随班就读学生进一步体会数学与生活的联系，进而激发学生学习数学的兴趣，获得良好的情感体验。同时，引导随班就读学生养成良好的学习习惯，并且通过与随班就读学生的交流，了解随班就读学生原有的生活经验、知识基础、观察能力和口头表达能力
学习内容	在具体的数数活动中，体会20以内数的意义，会认、读、写11~20各数。 结合数小棒、拨计数器等活动，掌握11~20各数的顺序和大小。 初步认识个位和十位，感受以"十"为单位的计数方法。 知道学习数学要有一些好习惯：仔细看、认真听、积极想、大胆说
学习重难点	重点：在具体的数数活动中，体会20以内数的意义，会认、读、写11~20各数。 难点：建立计数单位"十"的概念。学生在实际操作过程中，理解10个一组成1个十
评价任务	会认、读、写11~20各数。（目标1） 结合数小棒、拨计数器等活动，掌握11~20各数的顺序和大小。（目标2） 初步认识个位和十位，学生在实际操作过程中，理解"10个一组成1个十"。（目标3） 养成一些好习惯：仔细看、认真听、积极想、大胆说（目标4）

2. 通过前测，找准学生已有水平，发现学生学习障碍点

通过对小Q数学学习进行前测和分析，笔者发现小Q已经会认、读、写1~10各数，明白这些数表示的含义，但对于数字6和9的分辨，还需教师口头提醒或手势提示。同时，小Q已经能熟练计算5以内的加减法，但需要借助手指或小棒才能计算10以内的加减法。在数概念这块，虽然小Q会认、读、写数字10，但由于缺乏实际生活经验、抽象逻辑思维发展有限，他不能理解为何要把"十"作为一个新的计数单位，在数数的时候习惯以"一"作为计数单位。同时，笔者在前期教学时发现，小Q虽能结合小棒操作，但还是不能理解"10个一就是1个十"这句话的含义，只停留在机械记忆阶段。

3. 根据学生学习障碍点，调整教学计划

针对小Q目前在"数与运算"中的表现，笔者调整设计了如下教学目标：①经历从日常生活中抽象出数的过程，理解11~19各数的意义。②知道10添上1是11，10添上2是12，通过摆小棒、摆小方块的活动依次添加1的方法，认识11~19各数。③通过捆一捆、圈一圈等活动，初步感知10个一就是1个十。

同时为了检测目标是否达成，本节课评价任务调整如下：①能将10个小方块、10根小棒合在一起，理解10个一就是1个十。②能够通过依次添加1根小棒、1个小方块的活动，认识并摆出11~19各数。③能够通过"圈十"的操作活动，体会计数单位"十"的含义和必要性。

附：

小学资源教室"数与运算"课程课例分享

【教学内容】

认识11~19各数

【教学目标】

（1）经历从日常生活中抽象出数的过程，理解11~19各数的意义。

（2）知道10添上1是11，10添上2是12，通过摆小棒、摆小方块的活动依次添加1的方法，认识11~19各数。

（3）通过捆一捆、圈一圈等活动，初步感知10个一是1个十。

【教学准备】

仿真鸡蛋、小棒、小方块、皮筋、篮子等。

【教学过程】

任务一：课前热身，约定规则

1. 课前约定

师：同学们，请坐直。老师和你们做个约定，上课的时候积极思考、认真完成学习任务，老师就会奖励所在的小组一朵小红花，比一比哪个小组获得的小红花多，课后就可以兑换神秘礼物哟。

2. 手指操《数字1~10》

师：同学们，上课之前我们一起来动动小手，做做手指操，请伸出小手做好准备。

师：小手放好，请坐直，我们开始上课了。

任务二：情景活动——逛超市：通过装一装的操作活动，感知整十，明晰任务

1. 谈话引入

师：同学们，昨天我去逛超市时买了一些鸡蛋，你们能帮我数一数鸡蛋的数量，再把鸡蛋装到盒子里吗？

2. 请学生独立完成，一边放一边数，比一比，看谁数得又快又准确。

3. 提问

师：一共有几个鸡蛋？10个鸡蛋装1盒。

4. 观察实物

师：兰兰昨天也去逛超市了（PPT呈现），兰兰都买了什么？我们一起来帮助兰兰整理购物袋。

拿出实物：1包口罩、1提卫生纸、1盒铅笔等。思考：你能找出这些物品中和数量有关的数字信息吗？

拿出实物：10只口罩装一袋、10包卫生纸装1提，10支铅笔装1盒。（板书图片）

5. 总结共性

师：它们都是10个放一起，生活中，我们为了方便计数，通常会把10个物品放一起。

任务三：数10根小棒捆10，学习10个一是1个十

观察老师示范操作小棒

师：在数学学习中，我们可以用小棒来表示物品的数量，10个物品可以用

10根小棒表示。（出示10根小棒）（PPT示范把10根小棒捆1捆，出示捆好的一捆小棒，再板书：10个一是1个十）

（1）师：你能数出10根小棒并捆一捆吗？

A生：数出10根小棒捆一起。（在一堆小棒里数出10根）

B生：将小棒摆到带子上，再试着捆起来。（将操作栏里的小棒依次贴到带子上）

（2）师：请学生手拿小棒读一读：10个一是1个十。

（3）师：请将捆好的小棒和篮子放在桌子的右上角，看黑板，认真思考。

（4）师：拿出篮子里的小方块，数出10个小方块，换成1条小方块。让学生再次体会：10个一是1个十。

任务四：学习依次添1的方法，认识11~19

1. 引出比10更大的数

师：还有比10更大的数吗？今天我们的主人公——小糖豆，就要带着大家认识比10更大的数。

（播放11~20各数的视频，板书课题：认识11~19各数）

2. 操作思考

师：1捆小棒就是1个十，那再添上1根是多少？

1捆10根，10，11。（观察师的操作，说出11）

3. 继续思考

师：再添上1根，是几？（PPT呈现：10，11、12，是12）

4. 操作活动

师：你能用添一添的方法，摆出13吗？请拿出操作篮，拿一拿，摆一摆。

A生：拿出捆好的1捆，用依次添加的方法摆出13。

B生：将老师提供的3根小棒和1捆摆在一起，说出数字13。

5. 摆出14后，继续摆到19

师：请接着摆出14、15。

观察PPT完整操作：继续示范1根1根地添加小棒到19，并依次出示相应数量的小棒图片和数字，请学生说出小棒表示的数。

6. 小结：你能说一说11~19各数有什么相同的地方、不同的地方吗？

7. 评价练习：摆出老师说出的数字。

师：你能用小棒摆出12、14吗？能用小方块摆出17、19吗？

任务五：学习圈一圈，再接着数

1. 观察课件，思考，怎么做我们可以一眼看出来苹果有几个呢？

（1）数出10个，圈出来，再接着数。

（2）数的时候想要不重复、不遗漏，我们可以怎么做？

2. 作业练习圈十

（1）独立完成圈数活动，并写出气球的数量。

（2）点数整齐排列的气球。

（3）对比两种方法，说感受。

任务六：小结回顾

1. 回顾本课（依据板书）

师：通过本节课的学习，你学到了什么？

（1）10个鸡蛋装1盒、10只口罩装一袋、10包卫生纸装1袋，10支铅笔装1盒。

（2）10根小棒捆1捆，表示：10个一是1个十。

2. 寻找生活中的11~19各数

师：今天我们一起通过摆小棒认识了11~19，回家请找一找生活中哪些地方有11~19各数。请同学们回家找一找，生活中关于11~19的数。

3. 宣布比拼结果

师：同学们这节课表现得都很不错，接下来我们揭晓今天学生PK结果，看一看哪一组获胜了？

师：（10朵小红花放一排）你们能一眼看出小红花的数量吗？

师：今天获胜的是××组，请有序回到教室领取神秘礼物哦。

【板书设计】

认识11~19

10个鸡蛋1盒、10个口罩1包、10包卫生纸1提、10支铅笔1盒（图片）

10根小棒→1捆小棒

10个一是1个十

小棒表示各数

11	12	13	14	15	16	17	18	19

（四）资源选用

课堂呈现的资源素材普遍是少而精练的，选取的资源有如下特点："贴近学生生活""生动有趣""知识探究性""即时性"。

例如，5.1《古人计数》这课，学习内容主要是11~20各数的认识，选取"古人计数"这个主题情境，体现资源选用的"生动有趣"；学生借助小棒、小方块来操作理解11~20各数的组成，体现资源选用的"知识探究性"；在教学设计中，增添"数仿真鸡蛋数量""数图片中物品的个数"等活动来体现资源选用要"贴近学生生活"。

（五）教学设计

为了优化教学过程，提高教学效果，我们需要对教学过程各环节、各要素预先进行科学的计划、合理的安排，并制订出整体教学运行方案的过程，这一过程我们叫作"教学设计"。

统一的教学活动设计表格，便于存档，方便所有上资源教室"数与运算"课程的教师了解学生的已学内容、学习进展、学习情况，及时发现课上的问题，寻找更适合学习障碍学生学习的方式，通过学生的学习反馈，不断修正单元主题教学，为后续的教学活动设计提供良好借鉴与依据。

小学资源教室"数与运算"课程教学设计记录明细见表3-2-8。

表3-2-8

上课日期		年级		星期
课题			第　　课时	
学习目标		学生：（障碍类型）		
学习目标1	预设			
	达成			
学习目标2	预设			
	达成			
学习目标3	预设			
	达成			
备注：（举例：0表示没达成，1表示在协助下能够完成，2表示独立完成）				

续表

评价任务	评价任务1 评价任务2 评价任务3	
资源与建议		
教—学—评活动设计		评价要点
教学活动1		
教学活动2		
教学活动3		
板书设计		
课后反思		

（六）评价反思

结合学习障碍学生的身心特点及发展需要，对学习障碍学生的评价采用过程与结果相结合、定量与定性相结合的评价方式，以及学校、教师、学生与家长对学习障碍学生的多主体、多形式评价。

1. 数学学业表现评价

组织数学学科考核，评估学习障碍学生对"数与运算"知识的掌握情况，按照平时数学知识掌握情况占总成绩的70%、期末测试成绩占总成绩的30%来计算，定量评价学习障碍学生在"数与运算"方面的掌握情况。

2. 档案袋评价

为学习障碍学生建立成长档案袋，记录学习障碍学生各阶段发展变化的情况，有利于家长纵向比较孩子的进步，有利于教师及时反思调整数学"数与运算"教学目标。期末形成学生综合素质报告单，通过不同评价主体，综合评价学生"数与运算"能力的发展情况。

3. 家长评价

每学期期末，学校确定一天为家长评估日，由家长来评价学生在家庭和社区中的"数与运算"能力表现，进行情境性的评价，再交由教师整合。

通过对"数与运算"板块内容的分析研究，期望摸索出一套适应资源教室数学学科支持类课程开发与实施的完整的可操作的流程，以帮助普通学校随班就读数学老师有针对性地调整教学目标，学会拟订学期数学学科课程主题，形成单元主题教学材料，顺利实施单元主题教学，做好学习障碍学生数学学习效果的评价。

第四章

资源教室康复类课程

资源教室康复类课程能为随班就读学生的潜能开发与缺陷补偿提供有力支持。通过实施资源教室康复类课程，能够帮助学生提高身体素质，为其更好地适应正常的教学活动奠定良好的身体基础，从而增加学生的学习成就感。本章节主要对资源教室康复类课程建设背景、课程目标、课程原则、设计思路、课程评估、实施与评价进行了梳理，并通过理论、教学建议、案例展示的方式进行了阐述，拟为融合教育教师提供参考。

第一节　资源教室康复训练课程建设背景

资源教室康复类课程主要包括感觉统合课程、注意力训练课程以及社交沟通课程，本章节将以康复类课程建设背景、课程目标，以及具体课程的原则、设计思路、实施与评价为切入点，通过理论、教学建议、案例展示的方式进行阐述。

一、融合教育质量提升的政策要求

党的二十大报告提出强化特殊教育普惠发展等重要论述和战略部署，为新时代、新征程特殊教育的改革发展指明了方向，同时也提出了新要求。教育部印发的《关于加强残疾儿童少年义务教育阶段随班就读工作的指导意见》明确指出：要完善随班就读资源支持体系，进一步提升资源教室的使用效率，充分利用资源教室为残疾学生开展个别辅导、康复训练等特殊教育专业服务。《"十四五"特殊教育发展提升行动计划》指出：压实义务教育阶段普通学校接收残疾儿童随班就读工作责任，建立健全学校随班就读工作长效机制，确保适龄残疾儿童应随尽随、就近就便、优先入学。教育部印发的《特殊教育办学质量评价指南》指出：在课程教学实施方面，提出了包括规范课程设置、优化教学方式、开展多元评价、康复辅助支持在内的四项关键指标，提出要推进"医教融合"，提供辅助支持与康复训练，全面提高特殊学生受教育质量；在学生适宜发展方面，提出了包括思想道德素质、知识技能水平、社会适应能力在内的三项关键指标。

可见，提高融合教育质量是响应国家特殊教育相关政策法规的必然举措，做好康复训练是评价特殊教育办学质量的重要指标，我国的融合教育发展需求由"普及推进"转变为"质量提升"。

二、随班就读学生发展的现实需求

教育部《2021年全国教育事业发展统计公报》数据显示，2021年招收各种形式的特殊教育学生14.91万人，比上年增加16人；在校生91.98万人，比上年增加3.90万人，增长4.42%。其中，在特殊教育学校就读在校生33.04万人，占特殊教育在校生的比例35.92%，未对随班就读在校生人数进行统计。但教育部《2020年全国教育事业发展统计公报》数据显示，2020年特殊教育随班就读在校生43.58万人，占特殊教育在校生的比例49.47%。截至2021年12月31日，成都市双流区义务段特殊教育学生共计505人，其中在普通学校接受融合教育学生286人，占特殊教育在校生比例的57%。

随班就读学生障碍类型和程度不一，包括学习障碍、语言障碍、多动症、孤独症等障碍类型，由此可见，目前我国随班就读学生障碍类型多、数量大，康复需求较大，而目前资源教室没有统一可借鉴的康复类课程资源，无法满足学校众多随班就读学生的进一步发展需求。

综上，为深入贯彻落实党的二十大精神，落实《"十四五"特殊教育发展提升行动计划》，全面推进融合教育，深化课程教学改革，为随班就读学生提供特殊教育服务，弥补学生缺陷，使其更好地适应正常教学活动，提升教育教学质量，资源教室康复类课程建设与实施迫在眉睫。

第二节　资源教室感觉统合训练课程

一、资源教室感觉统合课程的设计思路

资源教室感觉统合课程作为康复类课程的分支，面向所有有感觉统合训练需求的学生进行有针对性的训练。课程目标包括总目标和分目标。根据总目标和分目标构建课程内容体系，课程内容设计依据学生的感觉统合需求，分为前庭平衡觉训练、本体觉训练、触觉训练、听觉统合训练、视觉训练五个方面。因个体差异、学生需求不同，课程不分学段、不分等级，贯穿小学教育全过程。实施课程主要以学生现有能力为起点，遵循差异性原则、注重刺激性、趣味性、循序渐进性、安全性原则，最终达成课程目标。

二、资源教室感觉统合课程原则

（一）差异性原则

资源教室感觉统合课程以生为本，尊重随班就读学生的个体差异性。教师在设计感觉统合游戏时要充分考虑有感觉统合需要学生的个体差异和不同的感觉统合需求等特点。

（二）注重刺激性原则

资源教室感觉统合课程要尊重有感觉统合需要学生对感觉统合刺激的需要和选择，通过控制环境给学生适当的感觉刺激，从而改善其感觉统合能力，使学生能做出适应性反应，而不是单纯教学生如何做。

（三）趣味性原则

感觉统合训练要让学生感到快乐，而不是有压力。因此，教师在训练时需要结合有感觉统合需要学生的最近发展区，以趣味性强且具有一定的挑战性的游戏为主。游戏的情景要通过游戏情节和游戏环境的创设，让学生在游戏中放

松并获得愉快的情绪，最终达到其潜能的最大限度发挥。

（四）循序渐进性原则

感觉统合训练并不是马上就能达到训练的目的，它是一个循序渐进的过程，无论是生理还是心理的锻炼，训练的内容都要由易到难、由慢到快、由弱到强。感觉统合训练要考虑到有感觉统合需要学生的学习能力及接受程度，如果不符合其身心特点，信息量过大反而容易适得其反，不能达到训练的目的，影响感觉统合能力的发展。

（五）安全性原则

考虑到感觉统合训练需要用到各类器材。在执行训练的过程中，教师要根据有感觉统合需要学生的具体情况进行训练以及调整，学生在掌握各项目标动作要领时，要确保安全，避免发生伤害事故。

三、资源教室感觉统合课程框架

（一）资源教室感觉统合课程目标

1. 课程总目标

资源教室感觉统合课程的总目标是通过感觉统合训练，提升有感觉统合需要学生的视觉、听觉、触觉、味觉、嗅觉、前庭与本体觉以及综合运用的能力，以满足学生在日常生活及学习活动中对不同信息接收、处理、运用等方面的需求。

2. 课程分目标

（1）有规律地刺激资源教室有感觉统合需要的学生感觉信息接收器官，引导学生抑制和调节感觉信息，提供本体感觉等各种刺激信息，帮助学生调节和开发中枢神经系统功能。

（2）提高资源教室有感觉统合需要的学生调节感觉信息的能力，克服感觉信息接收和处理方面的问题，最终改善平衡功能和运动稳定性，挖掘儿童潜能。

（3）促进资源教室有情绪问题的学生社会情绪和认知的发展，以及生活自理能力，让儿童拥有完美、快乐的幸福生活。

（4）消除感觉统合障碍或由感觉统合失调导致的注意力不集中等问题，有助于特需学生对感觉刺激做出适应性反应，进而提升儿童的综合能力。

（二）资源教室感觉统合课程实施

资源教室感觉统合课程应制订合理的课程计划，安排合适的教学内容，选择恰当的教学方式，并依据学生的个性化感觉统合需求弹性设定课时。在课程实施过程中，教师应借助感觉统合器材并结合各地、学校和学生的实际情况，因地制宜地开展感觉统合训练。

1. 能力评价（附录1）

附表1：感觉统合基础资料表。

附表2：儿童感觉统合能力发展评定量表。

附表3：感觉统合测评核对结果表。

2. 课程设置

感觉统合训练包括前庭平衡觉训练、本体觉训练、视觉训练、触觉训练、听觉统合训练五个方面。

（1）前庭平衡觉训练包括摇晃、旋转的活动，如荡秋千、晃平衡板、玩大陀螺、转大龙球等。滑板活动，如冲滑板、爬滑板、滑板推球等，以及蹦床、走平衡木。常用教具：平衡脚踏车、按摩大龙球、滑梯、各种滑车、独木桥。

（2）本体觉训练包括活动关节按压、推小车、攀岩、跳球、拉单杠、翻跟斗、压大龙球等。

（3）视觉训练活动通过视觉能力、注意力的稳定性训练等，刺激视觉功能的发展。

（4）触觉训练活动包括大龙球压滚游戏、钻被子游戏、抓痒游戏、刷身体游戏、玩橡皮泥游戏等。

（5）听觉统合训练活动包括寻找声源、配对声音等。

3. 课程设计

（1）活动形式：小组或个训课。

（2）课堂基本环节：见面礼、暖身活动、主题训练、评价总结。

4. 资源教室感觉统合课课例

（1）小组课：《我是小小消防员》资源教室感觉统合活动设计简案见表4-2-1。

表4-2-1

活动主题	我是小小消防员（二）
活动目标	①通过活动帮助学生判断身体的位置，锻炼身体平衡能力，调节前庭感觉。 ②能听从指令，完成任务
教学准备	阳光隧道、海洋球池
教学活动	①见面礼：问好、熟悉课堂规则。 ②暖身活动：《身体拍拍拍》。 ③主题训练：海洋球，阳关隧道，快速运水球，钻地道。 ④总结评价
延伸活动	居家练习：客厅爬行

（2）个别课：《寻宝》资源教室感觉统合活动设计详案见表4-2-2。

表4-2-2

科目	资源教室感觉统合训练 （个训）	执教老师	
主题	寻宝	学生	2年级乐乐
活动目标	通过感觉统合训练，锻炼学生四肢协调能力，提高学生动作的灵活性和协调性，增强学生前庭平衡能力、本体觉、视觉、触觉等感官的统合发展		
活动过程	①激趣导入：今天小熊妈妈藏了一个宝贝在茂密的森林里，乐乐，你愿意帮助小熊找到宝物吗？但是要找到宝物，必须闯过三道关，你准备好了吗？ ②热身运动：《如果愿意的话，你就……》头部运动、扩胸运动、振臂运动、转体运动…… ③感觉统合训练： 师导入：小熊，你好！我是"森林守护员"，今天我将带你去"寻宝"。 a.走平衡木（认读"平衡木"）：小熊，我们来到了第一关——走独木桥。 念儿歌：独木桥，摇啊摇，一只小熊来过桥。小熊，快看，桥下有大象，请你给大象戴上相同颜色的"项链"吧！结束跳到固定的垫子上。去揭开"宝盒"寻宝物。认读词语："宝盒""魔方"，学生在平衡木上完成平举行走、转身蹲下以及跳跃等活动。 （此活动难度系数1颗星，锻炼学生身体控制能力，提高孩子动作的灵活性和协调性，促进学生平衡能力、本体觉、视觉等多种感官的统合发展） b.荡秋千（认读"秋千"）：我们来到第二关——荡秋千。 活动一：荡横抱桶：累了，休息一下吧。孩子抱着秋千趴在秋千上（老师在活动中要注意观察孩子表情以及询问身体状况摇秋千由慢到快、由低到高，逐渐加大摇晃难度）。去揭开"宝盒"寻宝物。认读词语："宝盒""饼干"		

活动过程	（此活动难度系数1颗星。活动促进学生前庭固有体系地活化，强化触觉体系，矫正重力平衡感，增加孩子前庭平衡觉、视觉刺激，增强注意力，促进学生运动能力和空间方位感认知能力发展，让孩子情绪舒畅安心） 活动二：学生双手抱住秋千，双腿交叉，头稍埋。教师蹲下旋转秋千，学生听指令，从教师篮子里拿出圆球，认读生字，投进相同颜色的篮子里。 （此活动难度系数2颗星，主要训练学生前庭平衡觉、视觉、听觉、注意力，让学生体会重力、平衡感，给大脑满满养分） c. 踩高跷（认读"高跷"）：我们来到第三关——踩高跷。师念儿歌帮助其了解方法：小熊踩高跷，脚掌放中间，小手拉紧绳，眼睛向前看，一二一，向前走。乐乐看助教的示范，先尝试自由玩，再跟着教师探索新玩法。踩高跷跨过障碍物：直走跨过横杆、跳圈、绕圈走、侧走跨杆。去揭开"宝盒"寻宝物。认读词语"宝盒""铅笔"（此活动难度系数3颗星，锻炼学生注意力，提高学生手眼协调能力、平衡能力，促进学生本体觉发展） ④ 活动结束，小熊寻到宝贝，到兑奖处领取宝贝。认读词语"兑奖处"，体验游戏的快乐
活动反思	① 由于乐乐存在前庭觉、触觉失衡、身体平衡感和双侧协调能力弱、动作计划、姿势控制弱以及重力不安全感等问题，本课结合乐乐的年龄特点以游戏形式引导学生参加活动，也针对乐乐感觉统合问题设计了一组系列活动进行深入探讨。 ② 教师与学生的鼓励互动（击掌、拥抱）能让学生体验到游戏以及运动的快乐，创设了和谐安全的爱的氛围，让学生能积极舒心地参与活动。 ③ 多样的活动设计，融入了语文识字活动，整个活动能有效地促进孩子整合发展

5. 教学建议

（1）根据课程性质，全面落实课程目标

教师要把握课程性质，以改善学生感觉统合失调的情况，致力提高其学习、生活能力；应尽可能开展常规式、主题式、学科渗透式、家庭生活化等有意义的感觉统合康复训练，不宜围绕单一的训练目标，使用单一的某项感觉统合器材，在固定的场所进行单一、机械、反复的训练。

（2）依据课程定位，处理不同课程关系

感觉统合课程作为康复课程的分支，是为了促进学生的学习和生活发展。当学生因为感觉统合失调不能有效参与其他课程时，教师可以通过感觉统合课程实施有针对性的感觉统合训练，使其逐步改善，进而更适宜地参与学习、生活。

（3）多元化教学形式，高效展开教学活动

感觉统合训练要符合学生的生理发育特点和运动发展需要。教师可根据目标、内容，因地制宜地采用多样化的教学形式，如个别训练、小组训练、集体训练、常规训练、主题训练、学校日常化训练、家庭生活化训练等，将感觉统合训练与学校生活、家庭生活、社区生活有效结合，多渠道多形式展开训练。

（4）倡导评估—训练—再评估的程序

感觉统合训练以学生感觉统合需要为出发点，通过学期初感觉统合需要的评估，确定学生感觉统合需要（前测），并制订学生感觉统合训练计划。多元化实施学生感觉统合训练计划，做到每课都有学生目标达成测评。最后在期末进行期初感觉统合目标达成情况评估（后测），以确定学生下一阶段感觉统合需要，感觉统合训练宜采用将训练—评估有效结合的形式。

四、资源教室感觉统合课程评价

资源教室感觉统合课程评价应根据学生的身心发展特点及能力发展水平，采用恰当的方式，突出评价的诊断性、发展性和激励性功能，进而改善教师教学，促进学生能力提升。

（一）评价主体多元化

评价应该有多人参加，包括教师、学生、学生家长等。教师可以通过日常观察，客观记录学生在活动中的各种表现，学生在每次活动完成后进行自我评价，家长侧重家庭化训练评价。

（二）评价方式多样性

评价应坚持质性评价与量化评价相结合，评价方式具体包括观察、访谈法、测验法、学生成长档案袋等。不同的评价内容所采用的评价方式不同，在评价过程中要灵活运用。

第三节　注意力训练课程

一、注意力训练课程定位与思路

（一）课程设计思路

资源教室注意力训练课程作为康复类课程之一，依据学生身心发展特点，科学合理设置课程目标、构建课程内容，以个训和组训的方式对特需学生展开训练，促使学生注意水平得到有效提高，为学生参与日常学习生活提供支持。

资源教室注意力训练课程的目标包括总目标和分目标，根据目标构建课程内容体系，课程内容主要分为划消训练、走迷宫训练、舒尔特方格训练、译码运算、数字变换、圈数字、画图形与矩阵运笔、听词语训练八个模块。课程实施主要通过对学生进行筛查与评估，确定学生能力起点，"小步子多循环"进行活动参与训练，最终达成课程目标。

（二）课程原则

1. 规范性原则

资源教室注意力训练课程应该规范课程设置，立足《培智学校义务教育康复训练课程标准》，结合学生现阶段能力水平和身心发展需求，落实培养目标的总体要求。

2. 灵活性原则

资源教室注意力训练课程针对资源教室特需学生的实际情况，灵活调整课程教学内容，针对学生个体内及个体间的不同差异，科学转化教学方式，弹性设计注意力训练教学活动，同时注重活动设计呈现方式的多元化，充分利用各类教学资源，如文本资源、数字化资源等。

3. 生活性原则

资源教室注意力训练课程注重贴合资源教室特需学生的生活实际和学习

活动，突出活动设计的生活化、趣味性、互动性和可操作性，强化学生活动参与，注重助学伙伴所发挥的作用，帮助特需学生在参与中提高，改善适应社会的能力。

4. 渐进性原则

注意力训练是一个循序渐进的过程，因此，课程要坚持"小步子多循环"，立足于学生身心发展规律、现阶段学习能力及学生的接受程度，由易到难、由慢到快、由弱到强进行活动设计与训练。

二、注意力训练课程评估

（一）评估主体

注意力训练课程的被评估主体为有注意缺陷多动障碍、学习障碍等融合教育特需学生。

（二）评估工具及方法

通过注意力评估工具对学生进行有针对性的注意力诊断、评估和定位，全面了解特需学生的身心特点、学业成就能力、注意水平等，认真分析其对注意力康复需求及程度，进行注意力需求定位，制订个别化教育计划。

资源教室注意力训练课程设计常用评估工具包括量表、问卷、访谈、观察。资源教室注意力训练课程设计常用评估工具明细见表4-3-1。

表4-3-1

作者	评估工具	使用方法
美国心理学家康纳斯（C. K. Conners）等编制	《TRS Conners儿童行为量表》（教师问卷）（附录2）	该量表主要用于评估、判定多动症（ADHD）问题儿童患病情况，主要由教师进行测评，共28题、4个因子，即品行问题、多动问题、注意力缺陷、多动指数。 主要采用四级评分法（0=完全没有，1=稍有，2=相当多，3=很多）。 多动指数为Z（Z=项目总分/项目数量），当Z≥1.5时，则认为测评对象存在多动行为
美国心理学家康纳斯（C. K. Conners）等编制	《TRS Conners儿童行为量表》（父母问卷）（附录3）	该量表主要用于筛查儿童行为问题，特别是ADHD。 父母问卷共48题、6个因子，即品行问题、学习问题、心身障碍、冲动—多动、焦虑及多动指数，基本概括了儿童常见的行为问题。评分为四级评分法（0、1、2、3）

作者	评估工具	使用方法
Swanson等根据《美国精神障碍诊断与统计手册》（DSM中关于对ADHD）的诊断标准编制	《SNAP量表》（附录4）	该量表随着DSM诊断标准的修改而更新，目前最常用的版本为SNAP-Ⅳ版。 该量表包含18个题目，分为3个分量表，即注意缺陷和多动—冲动，评分为四级评分法（0=完全没有、1=有一点、2=有点多、3=非常多）
美国"初级心理卫生计划"的大型学校心理卫生项目编制	《教师—学生评定量表》（T—CRS2.1）（附录5）	该量表共32个项目，有4个维度，即任务取向、行为控制、自表能力、同辈社交能力

三、注意力训练课程目标与内容

（一）注意力训练课程目标

1. 课程总目标

注意力训练课程坚持以学生为本，尊重学生个体差异和身心发展规律，立足学生发展的康复需求，对学生进行缺陷补偿，帮助学生增加适当行为，减少或消除不适当的行为表现，为学生能更好地参与正常的学习活动提供支持，促进其更好地融入社会。

2. 课程分目标

听觉注意力训练目标：通过训练提高学生听觉信息处理能力和听觉记忆能力，帮助学生更好地理解、记忆语言，从而提高学生的专注度和学习效率。

视觉注意力训练目标：通过训练提高学生视觉追踪力、注意广度、视觉分辨力、视觉记忆力，从而提高学生的视觉专注度，提升学生的阅读效率和对事物的观察力。

动作注意力训练目标：通过训练提升学生手眼协调能力，从而提高学生的书写能力。

（二）注意力训练课程内容

注意力训练主要针对注意缺陷多动障碍儿童和学习障碍儿童，王小萌分析相关研究发现，国内对注意力的研究大部分集中在注意力的以下四个基本品质。

（1）注意的广度，即注意的范围，指在同一时间内，人们能够识别刺激的个数。

（2）注意的稳定性，指注意保持在某一对象或活动上的时间长短特性，持续时间越长，注意就越稳定。

（3）注意的分配，指人在同一时间内能够把注意指向不同的对象。

（4）注意的转移，指个体根据新的任务，自行将注意从一个对象转移到另一个对象，或者由一种活动转移到另一种活动。

王小萌针对以上注意问题，总结出常用的八种训练方法：划消训练、走迷宫训练、舒尔特方格训练、译码运算、数字变换、圈数字、画图形与矩阵运笔、听词语训练。具体课程设置见表4-3-2。

表4-3-2

课程内容	操作要点	教学活动设计建议	示例（易→难）
划消训练（视觉注意训练—视觉分辨）	事先规定某种符号作为目标并呈现，要求被试者迅速、准确地划掉目标。划消用的材料一般为符号、几何图形、英文字母、数字等	前期目标物可以是动植物等图片，以增加趣味性。中期逐渐增加难度后，目标物可更改为图形、符号。后期可将数字、汉字等形式结合，如划掉"相加等于11的相邻两个数"或在不同颜色干扰作用下，划掉目标汉字等	
走迷宫训练（视觉注意训练—视觉追踪）	要求学生根据图形要求在众多路线中找出可以顺利从起点走到终点的正确路径	前期设计清晰简单的路线。后期逐渐增加路线难度，如增加线路长度、增设障碍、增设颜色干扰、融入计算符号等	
舒尔特方格训练（视觉注意训练—视觉广度）	方格内容由9/16/25个数字组成，这些数字被打乱顺序放在3×3/4×4/5×5的表格中，学生按照要求进行寻找	前期可以设计简单活动，如九格舒尔特，让学生按要求从1连线到9。后期逐渐增加难度，如增加方格数量、增加色彩干扰、将数字颠倒放置、设计不同大小的数字让学生按照一定顺序连线等	

课程内容	操作要点	教学活动设计建议	示例（易→难）
译码运算（视觉注意训练—短时视觉记忆、认知能力）	译码运算指用不同符号（图形、字母）代替不同数字，并将不同符号随机组合，让学生进行基础的加减运算，进而计算结果	前期可以进行译码练习。中期使用少量符号进行译码运算。后期逐渐增加符号数量和运算难度	
数字变换（听觉注意训练、视觉注意训练—短时视觉记忆）	将数字与颜色结合，通过多媒体课件自动展示，每个数字展示时间为1~3秒，使学生在短时间内进行快速浏览后，教师随机提问哪个数字是什么颜色等，学生不能用纸笔记录	前期可以控制数量和难度，如展示两个同样背景颜色、不同形状的数字，展示时间可适当延长。后期逐渐增加难度，如展示三个及以上不同背景颜色、不同形状的不同数字，适当缩短呈现时间，教师可提问××数字是什么颜色？什么形状？进行一段时间后，将数字与颜色相结合，并以特定的形状为背景，进行自动播放，画面停留时间可以适当增长	
圈数字（视觉注意训练—视觉广度）	学生根据要求在给出的数字表中圈出目标数字，或者圈出某类数字	前期可以让学生圈出目标数字。中期增加难度，如圈出能被2整除的数，偶数、奇数等。后期增加难度，如要求学生在给出的几行随机算式中圈出正确的算式	

续表

课程内容	操作要点	教学活动设计建议	示例（易→难）
画图形与矩阵运笔（视觉注意训练—视觉广度、动作注意训练—手眼协调）	要求学生在给出的由虚线组成的图形中自行找起点和终点，一笔画完，一气呵成。后期增加难度，矩阵是由间距相等、大小相同的实心圆点所组成，矩阵运笔指必须在给出的矩阵当中，将示范图准确画出	初期可以连线几何图等简单图形虚线。中期增加难度，如连线虚线动物、在连线中设障、将不同颜色的点连接等。后期难度提升，如在矩阵中通过连线，画出示范图	
听词语训练（听觉注意训练；动作注意训练）	依次读出不同词语，并让学生按要求做出反应，如随机读出水果类、动物类词语，学生根据要求对不同种类的词语做出反应，如听到动物词语举左手，听到水果词语举右手	前期可以选择少量词语进行练习，材料选择可以是动物类、食物类、水果类等日常生活中常见的词语，增加趣味性。后期增加难度，如将生活常见词语替换成课本中的高频词语或有一定规律的成语（AABB/AABC…），也可替换成奇数或偶数、5的倍数或2的倍数等，融入学科知识	听词做动作 苹果 木耳 辣椒 猕猴桃 葡萄 听到水果拍拍手，其词语不做动作。在此基础上，增加词语数量、替换课文词语、成语等。

　　此外，教师也可以选用数字化资源包作为课程内容，如"全神贯注—注意力训练专家"App，这是一款针对幼儿园和小学的学生设计的培养注意力的平板电脑游戏。通过这款游戏，学生既可以进行20种不同类型的注意力训练，也可以根据学生的成绩调整难度。该游戏可以保存儿童每次训练的成绩，可作为评估学生注意水平的一项指标。

四、注意力训练课程实施与评价

（一）注意力训练课程实施
注意力训练课程的实施需要遵循一定的流程：①对特需学生注意能力进行

前期评估；②依据评估结果分析学生学情，确定学生能力起点；③设计合理的训练活动；④完成所有训练课时后，对学生进行后期评估；⑤根据前后期评估结果，考量课程实施成效。

（二）注意力训练课程评价

1. 定性评价

教师分类收集学生从训练开始到结束所使用的过程性训练材料，通过观察学生平时及训练前后的完成度、目标达成度来评估注意力课程实施成效。

2. 定量评价

（1）前期评估

训练伊始，教师填写注意力评量表，对学生进行训练前起始能力的测评，并对评估结果数据进行统计分析。以前期评估结果作为训练内容和授课课时的调整依据，对教学内容进行及时调整，使其更加符合学生实际需求。

（2）后期评估

完成相应课时训练后，教师再次使用与前期评估一致的注意力评量表对学生进行测评，并对评估数据进行统计分析，通过对比前后评估数据来考量课程实施成效，同时，后期评估结果可作为下次前期评估的参考及设计训练内容的依据。

第四节　社交沟通课程

一、社交沟通课程定位与思路

（一）课程设计思路

融合教育特需学生的社交融洽度是衡量融合教育质量的重要指标之一。在当前融合教育工作推进中，学校出现了诸多的智力障碍融合教育学生社交不畅的情况，如社交行为不当造成融合教育特需学生在普通学校的适应困难，为此，开设社交沟通课程尤为必要。社交沟通课程是基于融合教育特需学生融合质量提升的现实需求而进行设计，旨在通过社交沟通课程的干预，提升随班就读学生的社交沟通能力，创建融洽的人际互动环境，进而提升其整体的社交适应能力。

资源教室社交沟通课程立足融合教育特需学生发展需求而设计，旨在提升融合教育特需学生的社交沟通能力，为其更好地适应学校生活做好铺垫。

社交沟通课程基于特殊儿童沟通理论、特殊儿童行为问题矫正技术、特殊儿童社会故事和小学生社交能力现状进行综合设计，旨在系统设计课程内容，让更多的有社交沟通问题的融合教育特需学生受用。

（二）课程原则

社交沟通课程作为康复类课程的一部分，具有其共同特点，应遵循以下五项原则。

1. 基础性原则

社交沟通课程强调训练学生日常生活及学习所必备的实用基本技能，为学生学习其他课程及参与各项活动奠定必要的基础，如听的能力，学生只有听得清、听得懂，才能准确收到指令，清楚自己应该做出何种反应；又如说的能力，学生能够清晰、流畅地表达自己的想法，在误程学习及各项活动中就能获得较好的效果。

2. 发展性原则

社交沟通课程强调遵循学生身心发展规律，从其现有的基础入手，依照学生的最近发展区逐级设定目标，开展有梯度的多样化训练，逐步提升学生生活及学习的能力。在开展社交沟通课程教学前，教师先要清楚学生现有的能力水平。学生的能力发展是循序发展的过程，教师要在学生现有能力水平的基础上，找准学生下一能力的发展目标，并实施有效教学。另外，教师还要考虑不同学生的能力发展差异，在制定教学目标时，要考虑学生的层次差异，进行因材施教和差异化教学。例如，同一个班级，有的学生的能力发展水平可能在辨别声音的阶段，有的可能在听声音做出反应阶段，还有的可能处于能够用简单口语表达需求的阶段。

3. 生活化原则

社交沟通课程强调依据学生潜能，在实际生活情境中训练和发展学生沟通与交往能力。沟通能力及交往能力与学生实际生活密不可分，也是学习其他课程的基础。在实际教学中，要注重从学生实际生活出发，以源于生活、服务于生活为宗旨，加强学生的沟通与交往能力训练。例如，结合学校生活场景，以熟悉校园环境为主题设计教学内容，组织教学活动。

4. 整合性原则

学生的康复训练涉及多个领域，要针对学生不同的康复需求，制订个性化康复训练计划，采取多学科、跨专业的综合模式实施训练。例如，有的学生同时存在沟通与交往、动作及情绪与行为问题，这些问题看似属于不同的领域，却互相影响。其情绪与行为问题如果不解决，教师按照计划进行沟通与交往训练的话，训练效果将会大打折扣。

5. 实践性原则

社交沟通课程以训练为主要手段，宜在校园、家庭、社区等真实或模拟情境中开展相应的训练活动，以培养学生的主动参与意识，提升学生沟通与交往技能，如在培养学生购物方面的社交沟通能力时，教师可以在学校模拟超市进行训练。当训练取得一定效果时，教师或家长可以带学生到附近的超市进行实际购物练习。

二、课程评估

社交沟通课程常用评估工具为《自闭症儿童社会技能评定量表》（ASSS）（附录6）。该量表由国内学者魏寿洪编制，针对4~16岁孤独症儿童、少年和青少年的社会技能进行评定，具有较好的信效度。量表中的社交技能共分为社会趋向、社会认知、社会沟通、社会参与和自我调控五个维度。评价分数为0~4分，表现越好则评分越高，家长或教师可结合学生近期情况表现进行评定并填写评分。

三、课程目标与内容

（一）课程目标

面向有社交沟通障碍的孤独症、情绪与行为障碍等融合教育特需学生，通过社会故事法帮助学生提升语言和非语言沟通等基础能力，为学生在日常生活及学习活动中表现出适当的沟通与交往行为提供支持。

（二）课程内容

社会故事法由美国心理学家卡罗尔·格雷（Carol Gray）于1991年提出。社会故事法在写故事和说故事的过程中，都立足于孤独症儿童的视角，为他们描述在不同的社交场合中适当的或可能出现的行为及态度，以及他人对这些社交行为的反应，帮助儿童理解他人或情境，从而引导儿童做出正确的社交行为、态度和反应。社会故事法需要对事件发生的时间、地点、参与人员等信息进行具体描述，对在情境中应当如何做、有什么感受、想法等进行说明和指引，让儿童能够理解语言说明，并在该情境下表现出适当的行为。

社会故事法通常可以采用文本教材（如纸质书）或数字化教材（电子书、视频等）作为载体，以声音、图片、文字、动画等方式来呈现其内容，按照"听—讲—演"的方式，对有康复需求的融合教育特需学生进行干预训练。

（三）课程设置

赵伟志根据一般儿童的发展水平将社交沟通训练分为三个阶段：社交前基本技能训练阶段、社交技巧训练阶段、社交礼仪训练阶段；再依据训练三阶段及其分别涉及的训练板块，确定社会故事的主题；最后，根据学生发展特点、目标行为的选择以及社会故事主题来设计具体的内容。具体课程设置见表4-4-1。

表4-4-1

社交训练三阶段	涉及训练板块	故事主题
社交前基本技能训练阶段	自我意识、身边的环境	认识自己、了解自己的感受和情绪、我周围的环境、我的爸爸妈妈……
社交技巧训练阶段	非口语/口语社交技巧	说话时的眼睛对视、寻求帮助……
社交礼仪训练阶段	问候、告别、规则遵守	主动分享、打招呼、说再见、说对不起、轮流玩、遵守规则……

（四）课程训练对象

社会故事法主要针对有社交沟通障碍的孤独症儿童、智力障碍儿童和情绪与行为障碍儿童。

（五）课程训练目标的选择

Gray认为，社会故事法主要针对三类目标行为：向被试者说明人与环境互动的情境及适当的行为、向被试者解释特定的目标行为、训练被试者开展新的活动以及被试者能够表现出社会所期望的目标行为。吕文静将社会故事法训练目标的选择分为三类：增加适当行为、增加社会适应性行为（如打招呼、主动分享等）、减少不适当行为（如课堂问题行为等）。大量研究表明，选择增加适当行为、社会适应行为作为训练目标，效果优于选择减少不适当行为作为目标。

（六）社会故事编写要点

社会故事具体内容的编撰需要注意以下三点：①内容应当以第一人称的方式呈现，像是学生讲述自己的故事；②内容一般包括以下几种句型：描述句、观点句、指导句、肯定句、控制句、合作句，其中描述句必不可少；③内容应当提供故事发生的具体时间、地点、参与者以及该情境中通常如何做、有什么想法或感觉。

四、课程实施与评价

资源教室社交沟通课程立足于融合教育特需学生特殊需求而设计，旨在提升融合教育特需学生的社交沟通能力，为其更好地适应学校生活做好铺垫。特别是孤独症学生，在巡回指导中心教师的指导下，经过专业评估工具的评估。资源教室为具有特殊需求的学生设计了社交沟通课程，参与活动的教师、家长、同学都积极给予评价，指导学生积极参与课程活动，使其获得健康全面的发展。

（一）课程实施

成都市双流区某小学三年级社交沟通课程案例见表4-4-2。

表4-4-2

学生	韩韩（化名）	性别	男	就读班级	三年级某班
孩子社交沟通问题描述	韩韩特别"易燃易爆"，情绪爆发时会反复推桌子，发出"噼噼啪啪"的响声；不愿写作业时，手会在桌子上敲得"叮叮咚咚"响……老师提醒他：韩韩，发生了什么事？有什么问题可以跟老师说一说。他不理不睬，用眼睛瞪着老师和同学。同学帮助他，他也只是大声吼叫，泪流满面地对同学拳打足踢。韩韩喜欢听表扬，不接受半点批评。韩韩人际交往能力差，遇到问题不能正确、完整地表达，喜欢用拳头解决；情绪控制能力差，没有情绪调节的方法；家庭中妈妈的关爱缺失（妈妈病逝），爸爸性格暴躁，奶奶溺爱，孩子安全感缺乏，常常以自我为中心				
情况分析	学生出现情绪问题的常见原因。 （1）生理原因 据科学资料，部分特需学生［如ASD（孤独症/自闭症）学生］有不同程度的脑部机能障碍。孤独症学生经常不能控制情绪直至崩溃，不是他们在故意捣乱，不代表他们就是"熊孩子"，而是他们自身的大脑结构的异常或缺陷，造成他们在情绪的感受、觉察、控制、协调等方面存在问题，再加上认知方面、行为方面、社交方面、感觉方面的种种压力，他们被"逼上梁山而不得不反"。 （2）寻求关注，表达需求 由于语言、认知等障碍，部分特需学生无法用恰当的沟通方式表达需求。当自己的需求得不到满足时，学生可能会用情绪行为来表达自己。 （3）固定习惯、行为受到限制或改变 在本案例中，老师或者同学试图阻止或改变韩韩的固执、刻板行为时，可能会立即引起韩韩强烈的情绪反应。 （4）任务超过能力范围，选择逃避 例如，在课堂上，老师布置课堂作业要求完成两页习题，韩韩一看到题目就知道自己不会做，他就会大声叫嚷并敲桌子，严重影响课堂纪律。当老师要求他执行一些他认为做不了的活动时，他可能会用强烈的情绪行为来逃避任务。 （5）家长没有运用恰当的教育方式 需要注意的是，只要学生已经具备相应的认知能力，就有可塑空间帮助他成为一个"冷静的大人"。很多家长因为孩子年龄尚小，而忽视对他们的情绪管教，或是处理方式不当，如打骂孩子、忽视孩子的想法、无视孩子的需求等。当孩子出现情绪问题时，家长无法和孩子有效沟通，只能要求孩子停止哭闹、讲道理，这样只会让孩子更加失控				

处理 情绪 方法 尝试	1. 预防学生情绪爆发 一定要抓住学生情绪酝酿期，注意学生情绪外显因素中的细微表情和肢体动作。本案例中，韩韩典型的细微表情是眼睛死死地盯着某一个方向，眉头紧皱，鼻孔张大，小嘴噘得高高的，甚至咬牙切齿，一副苦大仇深的模样，表明他愤怒的"火山"马上就要爆发了。他典型的肢体动作有手握紧，走路姿势与平时相比过于僵硬，用脚或手力度较小地踢和拍打身边的物品，跺脚，身体轻微抖动，等等。 2. 应对学生的情绪爆发 （1）找到情绪爆发的"导火线"。 （2）保障安全，给学生空间。 （3）积极鼓励学生进行表达沟通。 当学生处于情绪爆发阶段时，他是不受约束的、冲动的，情感上有时甚至是爆炸性的，其行为问题可能是外显的（如尖叫、咬人、踢打、破坏公共财物或自伤等），也可能是内隐的（如退缩）。在此阶段，老师需格外关注该学生、其他同学和成人的安全以及学校公共财物的安全，应对学生情绪爆发的最好方法是让学生在单独的空间不受打扰地待着。这个空间不应被视为纪律室，而应被视为学生可以重新获得自我控制的地方。（教室门后角落可作为"调心室"，放置书本、解压玩具等）老师要帮助学生重新获得自我控制并保持尊严。 在学生情绪爆发时，老师绝对不能指责、唠叨。越是一直说大道理，学生反而越焦虑。这时老师的冷静很重要。 （4）情绪爆发时的应对策略： ① 忍，忍，忍！ ② 如果学生伤人或自残，老师要冷静地制止，但不要说话、不要评判，不要露出愤怒的表情，做个冷静的"木头人"。 ③ 如果学生要损害教具、教学设备等，老师要冷静地阻止，或者提供不重要的物件让他发泄。 ④ 不要立即"投降"。有的老师看到学生发作，可能下意识地就会"投降"，想妥协，先把学生哄好，但这其实就是变相地鼓励学生发脾气了，因为他尝到了甜头，下次还会通过发脾气来达到目的。老师可以妥协，和学生商量，反复交流沟通，但这需要在双方冷静之后，不要"不战而降"。 ⑤ 帮助学生冷静。老师可以帮助学生练习"扭一扭我的情绪小伙伴们""五部曲策略"，当学生练习到非常流利的程度后，他在情绪爆发时便有了肌肉记忆，会马上想起这时可以怎么做。老师也可以拿出视觉提示卡提醒学生能做什么行为。 当学生在努力调节情绪时，教师一定要记得具体化地表扬学生努力调节情绪的过程！事后积极与学生交流与沟通，安抚学生情绪，教给学生处理问题的方法。 3. 整合资源，共同协作，有效沟通 （1）及时与家长交流： ①学生出现问题时，第一时间联系家长，共同处理学生的问题。 ②及时交流，利用微信、电话、家访等形式及时与家长沟通。

续表

处理 情绪 方法 尝试	（2）及时与各科教师交流，共同关注学生情况。 建立班级科任教师微信群，共同关注学生情况。 （3）有效利用学校心理健康团队进行心理辅导。 每周五下午2点指导学生到学校资源教室参加学校心理健康辅导，鼓励学生与老师与学生交流，让学生表达自己的想法和愿望，积极参与同学的生活和活动。 （4）开展活动，随时关注学生参与活动情况。 ① 有效利用班会、早会等讲沟通的技巧与方法。 ② 课间指导学生互帮互助，本案例中，教师应引导同学随时关注韩韩参与活动的情况
反思	韩韩社会交往存在很大的问题： （1）不会表达自己的想法和愿望，就是靠蛮横解决问题。 （2）不懂表达的方法和技巧，要多开展这样的活动教方法和技巧，多给学生一些交往的机会。 （3）注重与家长的交流沟通，教育能够形成合力

（二）课程评价

社交沟通课程评价可以分为定性评价和定量评价两种方式。

1. 定性评价

用描述性语言或是通过录像的方式记录学生受训过程，通过对比学生前后变化来评估社交沟通课程实施成效。

2. 定量评价

在训练前后由教师、家长填写统一的成绩量表，通过对比前后测的量表分数来评估社交沟通课程实施成效。

第五章

资源教室生活类课程

资源教室生活类课程包括生活适应、劳动教育课程等，主要基于融合教育特需学生日常生活活动需求，而开发设计的相应课程，旨在提高融合教育特需学生生活适应能力、自我服务能力，进而使其更好地融入集体、提高生活品质，为其生涯发展奠定基础。在实施中，资源教室生活类课程紧密结合融合教育特需学生家庭生活、学校生活和社区生活，具有以下特点：学科性与生态性相互结合、兼顾个性支持与社会支持、资源整合与开发互为补充。

第一节　资源教室生活适应课程开发与实施

一、生活适应课程定位与开发思路

（一）生活适应课程内涵

《培智学校义务教育课程设置实验方案（2007年版）》提出培智学校课程的培养目标：全面贯彻党的教育方针，体现社会文明进步要求，使智力残疾学生具有初步的爱国主义、集体主义精神；具有初步的社会公德意识和法治观念；具有乐观向上的生活态度；具有基本的文化科学知识和适应生活、社会以及自我服务的技能；养成健康的行为习惯和生活方式，成为适应社会发展的公民。2016年，教育部制定了培智学校义务教育课程标准，其中，生活适应课程是以提高学生的生活能力为目的，以学生当前及未来生活中的各种生活常识、技能、经验为课程内容。培养学生具有生活自理能力、简单家务劳动能力、自我保护能力和社会适应能力，使之尽可能成为一个独立的社会公民。

中共中央、国务院2019发布的《关于深化教育教学改革全面提高义务教育质量的意见》提出：坚持立德树人，坚持"五育"并举，强化课堂主阵地作用，切实提高课堂教学质量，教好每一个学生，让学生成为生活、学习的主人。由此可见，适应生活是义务教育的重要目标之一。那么，在普通学校就读的智力障碍学生如何提高生活能力呢？普通学校资源教室开设针对随班就读的智力障碍学生的生活适应课程。普通学校资源教室对生活适应课程的定位：立足学生当前及未来的生活，以各种生活常识、技能、经验为课程内容，通过开展丰富开放的生活实践活动，提高学生的生活态度、基本生活能力、生活习惯和品质、生活幸福感，尽可能使学生成为独立的社会公民。

（二）资源教室生活适应课程开发思路

1. 课程体系：学科性与生态性相互结合

生活适应课程是培智学校的一门课程，具有系统的课程目标、评价、课程内容，然而生活适应课程在普通学校是作为资源教室的特需课程，需要因需再开发，开发过程要兼顾课程的生态性，即兼顾到学生的全面发展和学生生活的场域，基于学生适应生活的课程生态性。因此，课程单元架构要注重课程的系统性、层次性、兼顾活动形式的情境化和生活化。以儿童的视角走进课程、走进生活，如针对学校生活领域，我们设计了"学校是我家"主题，引导学生走进几个活动任务：我的校园生活、爱护校园、服务班级、乐融校园、学校是我家。孩子通过几个不同实践形式的活动任务达成适应校园生活的目标。

2. 课程模式：兼顾个性支持与社会支持

特殊学生由于障碍类别、障碍程度、康复效果、适应能力等因素会导致他们的需求有较大的个体差异，一对一辅导是特殊教育的常见形式，而生活适应课程需要特殊学生更好地融入生活，需要将一对一评估、协同教学、合作学习和个体适应追踪等策略相结合，给特殊学生提供更科学、全面、精准的教育支持服务。因此，在课程开发模式上，我们整合了集中教学模式：资源教室先导情境课程以小组课程开展、生态活动课程在生活实际情境中开展、综合拓展课程则是学校各学科教师协同促进特殊学生能力迁移运用。

3. 课程实践：资源整合开发互为补充

在资源教室生活适应课程实践中，我们要灵活整合资源，培智学校教材选用要根据设计的单元体系进行灵活筛选，选择一些学生切实需要的活动课例，但要基于普通学校特殊学生生活环境进行资源选择，如家庭环境资源、学校课程资源、班级资源、社区资源等。如果当前资源比较零散不能满足学生课程需求，资源教室需要整合资源进行重新开发，拉近学生与课程的距离，帮助学生更好地达成生活适应的目标。针对培智学校1~9年级生活适应教材，我们可以重组单元主题，增加普通学校相关课程资源，结合特殊学生普通教育生活适应需求进行教材再开发。

二、生活适应课程本位评估

小学课堂总会有这样一些困扰：班上总有那么一两个有点"特殊"的学

生，他们的自理能力较弱，有些学生个人卫生很糟糕，经常脏兮兮的，不会整理个人物品；还有些学生分不清物品归属，经常发生物品纠纷；还有些学生找不到学校功能室位置，经常对学校一些活动一头雾水，校园活动参与感较低，缺乏安全意识；还有些学生参加班级劳动无从下手，无法按照要求和时间完成任务，常常表现为责任感低下。资源教室建档的特殊学生则在生活适应上更加困难，有些孤独症学生无法适应学校厕所，中度智力障碍学生更甚，肢体障碍学生上下楼梯困难，注意力缺陷多动学生常常把自己的东西随便乱放……针对这些生活适应有困难的学生，应该如何精准地发现呢？为此，我们简化了生活适应课程本位评估表，见表5-1-1。

表5-1-1

场域	次场域 （勾选）☑	常见困难 （勾选）☑	适应困难描述
个人生活	1. 饮食习惯□ 2. 个人生活□ 3. 个人着装□ 4. 疾病预防□ 5. 心理卫生□	1. 难以适应公共就餐□ 2. 难以维持个人清洁□ 3. 着装经常不整洁□ 4. 身体异常难以主动预警□ 5. 情绪缺乏适当的表达方式□	
家庭生活	1. 家庭关系□ 2. 家庭责任□ 3. 居家安全□	1. 亲子关系中容易对抗□ 2. 对家庭角色的义务缺乏参与□ 3. 对家庭危险因素缺乏认知□	
学校生活	1. 人际交往□ 2. 校园活动□ 3. 学习活动□	1. 与师生发生高频冲突□ 2. 对校园缺乏主体参与意识□ 3. 无法按照教学安排参与学习活动□	
社区生活	1. 认识社区□ 2. 利用社区□ 3. 参与社区□ 4. 社区安全□	1. 不了解社区环境□ 2. 不会使用公共设施□ 3. 无法与他人产生良性互动□ 4. 对社区危险因素缺乏认知□	
国家与世界	1. 国家与民族□ 2. 地理与历史□ 3. 节日与文化□	1. 对自己所处的地域与民族缺乏认知□ 2. 对祖国历史文化缺乏情绪共鸣□ 3. 对传统节日的意义缺乏理解□	

资源教室可以用这个简化的评估表初步分析学生具体在哪个领域生活适应

能力欠缺，然后进行详细描述，再制订学生个别化的学习目标和教育方案。以下为智力障碍学生生活适应评估案例。

情况简介：龙龙是一名持有残疾证的智力障碍学生，他出生时被鉴定为唐氏综合征，家中母亲也是残疾人。该生没有得到好的早期康复，家庭教育也比较欠缺，学生认知障碍程度比较严重，本来应该到特殊教育学校就读，但家里无人接送，就只能就近在普通学校就读。该生在日常认知、行为习惯、情绪、环境适应方面都存在困难，入学之初难以适应普通学校生活。因此，我们对该生进行了生活适应能力评估，评估结果见表5-1-2。

表5-1-2

场域	次场域 （勾选）☑	常见困难 （勾选）☑	适应困难情况
个人生活	1. 饮食习惯☐ 2. 个人生活☑ 3. 个人着装☐ 4. 疾病预防☐ 5. 心理卫生☐	1. 难以适应公共就餐☐ 2. 难以维持个人清洁☑ 3. 着装经常不整洁☐ 4. 身体异常难以主动预警☑ 5. 情绪缺乏适当的表达方式☐	1. 不会整理个人物品，也分不清物我概念 2. 没有洗手的习惯 3. 情绪失控会大哭大闹
家庭生活	1. 家庭关系☐ 2. 家庭责任☐ 3. 居家安全☐	1. 亲子关系中容易对抗☑ 2. 对家庭角色的义务缺乏参与☑ 3. 对家庭危险因素缺乏认知☐	1. 在家中经常不能很好地和家人沟通 2. 没有家庭劳动意识
学校生活	1. 人际交往☐ 2. 校园活动☐ 3. 学习活动☑	1. 与师生发生高频冲突☐ 2. 对校园缺乏主体参与意识☐ 3. 无法按照教学安排参与学习活动☑	1. 在课堂出现不恰当行为 2. 无法遵守课堂活动规则
社区生活	1. 认识社区☐ 2. 利用社区☐ 3. 参与社区☐ 4. 社区安全☐	1. 不了解社区环境☑ 2. 不会使用公共设施☑ 3. 无法与他人产生良性互动☑ 4. 对社区危险因素缺乏认知☑	社区参与经验欠缺，缺乏危险意识，较难与不熟悉的人沟通
国家与世界	1. 国家与民族 2. 地理与历史 3. 节日与文化	1. 对自己所处的地域与民族缺乏认知☑ 2. 对祖国历史文化缺乏情感共鸣☑ 3. 对传统节日的意义缺乏理解☑	对国家、历史、节日认识较浅

通过评估，我们可以找到龙龙的生活适应课程培养目标，可以在专题课程和日常各项活动中对其进行生活适应的教育引导。

三、生活适应课程目标与内容

"生活适应"课程总目标旨在帮助学生了解基本的生活常识，掌握必备的适应性技能，养成良好的行为习惯，形成基本的生活适应能力，即良好的品德，成为适应社会的公民。小学低段侧重于培养学生最基本的生活适应能力，关注学生的个人生活。中段立足家庭、学校、社区，侧重于培养学生从事简单家务劳动的能力，使其形成自我保护意识，引导学生自主发展。高段渗透对社会、国家和世界的认识，侧重于发展自我保护和适应社会的能力，培养学生积极乐观的生活态度，使学生安全、健康地生活。我们根据普通小学课程模式和随班就读学生的特点，对普通学校智力障碍学生生活适应目标进行了调整，见表5-1-3。

表5-1-3

场域	低段目标	中段目标	高段目标
个人生活	初步掌握基本的生活自理能力，如如厕、穿衣、整理	养成良好日常生活习惯，会表达自己的身体感受和生活需求	初步养成健康、文明的生活习惯
家庭生活	了解基本的家庭信息，听从家人教导	能与亲友沟通交流，能参与一些家庭劳动	关心家人，与家人一起享受家庭生活，主动承担一些家庭责任
学校生活	认识学校老师、同学，遵守学校规则	尊敬老师，关心同学，养成良好的学习习惯	初步养成良好的文明行为习惯，能判断和处理一些简单的突发事件
社区生活	了解社区环境，认识社区相关人员	愿意参与社区活动，合理利用社区资源	积极参与社区活动，具备一定的自我保护能力
国家与世界	认识自己的国家，遵守升国旗等礼仪活动	了解中国的基本信息，如传统节日、能遵纪守法、了解自己的权益	初步了解祖国与家乡的地理、历史知识

基于个人生活、家庭生活、学校生活、社区生活、国家与世界五个场域，结合普通小学资源教室课程开发需求，我们对内容进行了删减，制定了以下课程内容，见表5-1-4。

表5-1-4

场域	低段目标	中段目标	高段目标
个人生活	学会进餐 学会正确如厕 会穿脱衣物 会表达身体不适 知道自己的名字、性别等 会表达自己的需求	健康饮食 做好个人卫生 保持着装整洁 了解常见疾病知识 了解自己的民族、国籍等 懂得感恩	文明用餐 会处理青春期相关事宜 合理着装 了解就医程序 了解自己的优缺点 勇敢面对困难
家庭生活	知道家庭成员信息及关系 爱护家庭环境卫生 能安全使用家庭基本设施	了解家庭成员职业和工作单位 会承担一定的家庭任务 知道居家安全常识	乐于参与家庭活动 合理安排家庭一日生活 掌握独自在家的安全常识
学校生活	愿意和老师、同学交往 认识教室及相关场所 愿意参加学校一日活动	与老师、同学建立融洽的关系 学会安全使用校园设施设备 养成较好的学习习惯	会与同学分工合作 了解基本突发事件常识 能遵守团队基本规则
社区生活	能向熟悉的邻居问好 不乱在社区丢垃圾 愿意参加社区活动 躲避危险	认识社区中的超市、医院等 会使用社区中的休闲设施 在社区生活中懂得礼让 认识社区安全标志	了解社区派出所等服务机构 会在物业等地方求助 参与社区休闲活动 掌握一些自护自救方法
国家与世界	知道祖国的国名与首都 了解传统节日 爱护大自然	了解家乡的一些基本信息 了解我国的一些名胜古迹 喜欢参与文化生活 不做违法的事情 学会垃圾分类	了解我国简单的传统文化 了解我国的一些历史文化遗产 初步了解契约和庆典 初步了解生态环境保护 初步了解世界地理、国家分布

四、生活适应课程实施与评价

普通学校资源教室生活适应课程实施需要进行整体设计，可以按主题板块设计以小组形式进行学习，我们以"多彩校园生活"主题进行单元设计。

（一）单元学习目标

通过系列主题教育与实践活动，使学生了解爱护校园与班级的方法，掌握恰当的做法，并在实际校园生活中运用实践，培养学生热爱校园生活的情感，引导学生积极承担爱护校园与班级的职责，发展学生校园自主生活的能力。具体目标见表5-1-5。

表5-1-5

一级目标	二级目标（评价任务）
1. 爱护校园设施，保护校园环境	1.1 能做到门窗轻开轻关，物品轻拿轻放，设施小心使用，物品用完归位 1.2 能做到爱护花草树木，垃圾扔进垃圾桶
2. 当好值日生，为班级服务	2.1 知道自己值日的时间和具体事务 2.2 能根据班级一日活动主动完成值日活动
3. 了解多彩的学校活动，乐于参与	3.1 知道学校开展了哪些活动 3.2 主动参与活动，并在活动中收获成长与快乐

（二）单元主题任务设计

根据主题目标、具体分目标和评价任务，我们基于普通学校现场实际，设计了如下的主题任务群，作为资源教师实践指南。"多彩校园生活"单元课程设计如图5-1-1所示。

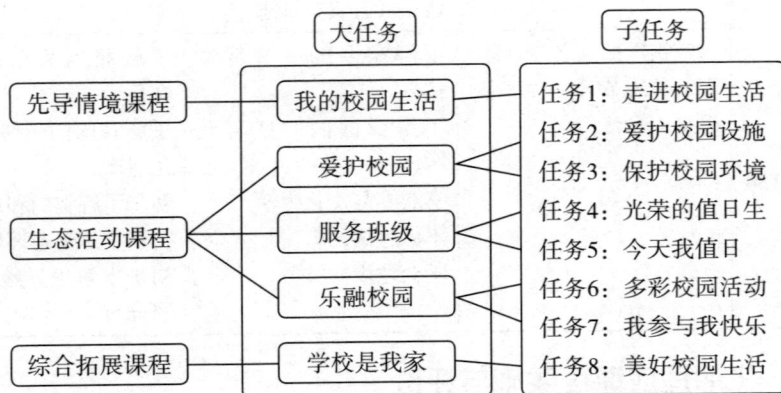

图5-1-1

（三）不同类型生活适应课例

1. 先导情境课程设计——走进校园生活

先导情境课程教学设计见表5-1-6。

表5-1-6

活动主题	走进校园生活	活动类型	先导情境课程
实施形式	资源教室小组专题课程	实施人员	资源教师
实施地点	校园+资源教室	实施时间	延时服务
学情分析	5名学生均为智力障碍，障碍程度有些差距，1名重度智力障碍，4名轻度智力障碍，由于他们在校园适应上都有一定困难，我们采取情境课程，让特殊学生只管体验校园生活		
学习目标	熟悉校园环境，了解校园生活		
评价任务	能指出/说出校园内的典型活动及区域		
活动环节	活动一：聊聊校园 意图：通过观看图片、视频，展开讨论，激发对校园生活的兴趣，对校园环境与校园活动的好奇与憧憬 活动二：逛逛校园 意图：在校园中边走边讨论与自己相关的校园场景、活动，感受校园生活的趣味与美好 活动三：回顾校园 意图：通过讨论、分享，有条理地梳理校园美好的环境、有趣的活动，激发对校园生活的热爱		
效果评价	5名学生从初期不太清楚学校区域，在老师讲解+直观体验过程中，更加清楚学校区域及功能，如操场、种植园、果园、篮球场等，并了解了在操场活动相关规则，感受到了校园的美好和参与校园活动的快乐		
活动反思	普通学生在校园适应中只需要老师稍微引导，就可以了解学校区域和功能等常识，在一次次活动参与下快速适应学校生活。而特殊学生则需要基于他们认知特点组织专题的讲解和直观体验，他们才能更好地适应校园生活。因此，资源教室生活适应专题活动对特殊学生而言尤为关键		
作业设计	指认学校不同场所		

2. 生态活动课程——光荣的值日生

"生态活动课程——光荣的值日生"教学设计见表5-1-7。

表5-1-7

活动主题	走进校园生活	活动类型	生态活动课程
实施形式	资源室小组专题课程	实施教师	资源教师
实施地点	校园+资源教室	实施时间	延时服务
学情分析	五名学生均为智力障碍，障碍程度有些差距，一名重度智力障碍，四名轻度智力障碍，由于他们在校园适应上都有一定困难，我们实施生态活动课程，让特殊孩子们直观体验校园生活		
学习目标	通过观察图片、情境演练，知道值日生的职责，做好值日活动		
评价任务	能说出值日生的职责（擦黑板、课前口令、检查卫生）；并能按要求做好值日活动		
活动环节	活动一：认识值日生 意图：通过观看图片、视频，展开讨论，知道值日生工作的重要性。 活动二：了解值日生职责 意图：观看图片，联系实际经验，知道值日生具体工作职责和要求。 活动三：情境模拟 意图：模拟班级上课、课间情境，掌握值日活动的实践流程和技能		
效果评价	五名学生从初期不太清楚学校区域，在老师讲解+直观体验过程中，更加清楚学校区域及功能，如操场、种植园、果园、篮球场等，并了解了在操场活动相关规则，感受到了校园的美好，参与校园活动的快乐		
活动反思	普通孩子在校园适应中只需要老师稍微引导，就可以了解学校区域和功能等常识，只在一次次活动参与下快速适应学校生活。而特殊孩子则需要基于他们认知特点专题的讲解和直观体验，他们才能更好地适应校园生活。因此，资源教室生活适应专题活动对特殊孩子而言尤为关键		
作业设计	看图说出值日生的任务		

五、生活适应课程应用建议

（一）加强适应困难学生生活适应能力评估

特殊学生进入普通学校往往存在很多适应困难，如果不早发现、早教育，让其早适应，则会出现诸多隐患，特殊学生自身发展越来越滞后导致适应困难、升级困难，特殊学生影响班级常规管理，对班级学生发展适应产生困扰。因此，资源教室教师应该加强特殊学生生活适应能力评估，提前找到学生适应困难点，在系统的课程支持下提高特殊学生生活适应能力。

（二）资源教室生活适应课程联动开发与实施

在资源教室生活适应课程开发与实施过程中，资源教室教师一定要发挥学生生活场域资源应用，联动更多的人开发与实施课程，如学校生活板块就要发挥学科教师、助学小伙伴的教育作用，只有在多方协助下的生态活动中，才能最大限度地提升特殊学生生活适应能力。针对家庭生活、社区生活板块，资源教室教师要联动家长和社区资源，让学生在真实场域下科学有效地提高生活适应能力。

第二节 劳动教育课程开发与实施

一、课程定位与思路

劳动是创造物质财富和精神财富的过程，是人类特有的基本社会实践活动。开展劳动课程对于全面贯彻国家教育方针、落实立德树人根本任务，五育并举推进素质教育，培养学生热爱劳动的品质，树立创造意识，培养创新精神和实践能力，具有十分重要的意义。在新课程改革和"双减"政策的双重加持下，新的课程建设和实施应进一步提升效率，重视学生的情感体验，强化学生的主体地位，抓住学生的年龄特点和劳动课程学习的根本，加强学科融合。

为构建德、智、体、美、劳全面培养的教育体系，加强新时代大中小学劳动教育，2020年3月20日中共中央、国务院印发了《关于全面加强新时代大中小学劳动教育的意见》。教育部在2020年7月7日制定的《大中小学劳动教育指导纲要（试行）》中明确提出"在大中小学设立劳动教育必修课程""中小学劳动教育课平均每周不少于1课时"，让劳动教育走进课堂，并于2022年颁布了《义务教育劳动课程标准》，对劳动的实施做了明确的规范。

成都市及周边区域正式的劳动课程起步较晚，因此普通学校的课程不能满足随班就读学生的生活需要。虽然许多学校开设了劳动教育课程，但是尚在起步阶段，课程还未系统和规划。劳动课程资源有待开发，劳动师资比较薄弱，也刚有专职的劳动课程教师。一年级的学生年龄较小，他们刚从幼儿园进入小学，角色互换的能力还比较弱。身体协调性发展还不够完善，动手能力差。大多数学生身处城市或城市边沿，只能从事一些简单的劳动，更多地以日常生活劳动为主。而特殊学生因为其自身能力缺陷，在生活适应能力方面十分欠缺，往往因其动作慢、做不好等原因很容易被他人代劳，得不到锻炼自己、提升能力的机会，因此特殊学生在劳动方面的技能更加需要专门的课程进行指导，帮助他们适应生活。

从普通学校来说，特殊学生的认知、知识记忆与再现、概括总结及逻辑思维和抽象推理等能力都不及普通学生，其学习效率明显不如普通学生，因此不能照搬普通学生的学习内容，要结合特殊学生的学习特点，对资源教室课程设计做适当调整，为其制定合理的学习目标，筛选适宜的学习内容，并运用恰当的教学方法增加特殊学生的课堂参与互动。同时，普通班级班额较大，教师教学任务繁重，没有足够的精力和时间给予特殊学生一对一的指导。因此，需要构筑适合特殊学生、以生活适应能力训练为核心的资源教室劳动教育课程，来帮助特殊学生学习生活适应的相关技能。

家长观念陈旧，不能满足随班就读学生的生活需要，有的家长，特别是老年人溺爱孩子，怕劳动耽误学生的学习时间。怕学生累着了、苦着了，事事包办。学生没有形成一定的劳动意识和习惯。有的家长只注重学生的文化学习，忽略对孩子必要生活能力的培养。大多数学生娇生惯养，没经过劳动的锻炼，意志比较薄弱。尤其是特殊学生往往被家长或者社会特殊对待，因为其自身能力缺陷，在生活适应能力方面十分欠缺，往往因其动作慢、做不好等原因很容易被他人代劳，得不到锻炼自己、提升能力的机会。提升特殊学生的生活适应能力可以让他们不必完全依赖他人，提升自我独立生活能力可以让他们更好地照顾自己，这样不仅可以减轻特殊学生家庭的负担，也能提高特殊学生的生活质量。

资源教室是推进融合教育发展的重要支撑及平台。针对有特殊教育需求的学生，资源教室通过对其进行支持性服务，使其更好地融入普通教育环境，在各方面的能力都有所提升。资源教室作为学校为特殊学生提供良好教育资源的场所，让特殊学生能够在这里充分发掘自己的潜能，让他们的缺陷得到弥补。同时，资源教室也是培养特殊学生劳动技能的重要场所。在资源教室开设劳动教育课程可以让特殊学生在这里培养适应学校生活和社会的劳动能力，最终在普通班级中顺利进行随班就读。对于有特殊需求的学生来说，资源教室的运用给他们带来了更多学习和尝试的机会，并且让他们有机会接触到更加丰富和广阔的知识。

二、课程本位评估

课程本位评估是对培智学生实施的一种重要的评估方式，对于了解培智学校学生教育需求、提高培智学校教学质量具有重要意义。2016年颁布的《培智学校义务教育课程标准（2016年版）》，对培智学校的教育评价提出了具体要求：评价的根本目的是促进学生发展，改善教师教学，评价应充分尊重个体差异，始终坚持生活导向，充分发挥评价的多功能，适时提供多种支持，恰当运用评价方式，真实反映学生发展轨迹。新课标中也明确指出：培智学校课程要为学生适应生活、适应社会、终身发展奠定基础。

培智学校劳动技能课以学生获得积极的劳动体验，形成良好的劳动意识和劳动习惯，掌握生活必备的劳动技能，提高社会适应能力为目标；以实践学习为特征；以个人生活为基础，向家庭生活、学校生活、社区生活和社会生活不断扩展延伸，分为自我服务劳动、家务劳动、公益劳动和简单生产劳动四类技能。

课程本位评估主要坚持多元、开放、整体的评估方式，采用的评估方法主要有日常观察、访谈（访谈教师或监护人）、过程记录、操作解答、书面（口头）测验、作业分析等。不同的评估项目所需要的评估方法不同：知识目标通常采用书面（口头）测验的方式进行，技能目标采用操作解答、作业分析的方式进行，情感性目标采用日常观察、访谈、过程记录的方式进行。劳动教育之劳动技能课程属于技能目标，因此多采用操作等方式进行评估。

三、课程目标与内容

（一）课程目标

劳动教育之劳动技能课程以学生劳动技能培养为基础，围绕个人、家庭、学校等不断扩展生活领域，着力提升学生生活自理、从事简单家务劳动、适应班集体和学校生活的能力，遵循螺旋式上升原则，科学编排课程内容。

劳动教育之劳动技能课程首先侧重于培养学生最基本的劳动技能，关注学生个人卫生情况，通过引导学生学习基本劳动技能，使其做到自我清洁和自我服务，有一个良好且干净整洁的外在形象；其次立足家庭、学校，侧重于培养学生从事家务劳动的能力，形成参与集体劳动的意识，引导学生自主发展，做到热爱劳动、热爱集体；最后逐步发展学生适应班集体和学校生活的能力，提升学生的生活质量，培养学生积极乐观的生活态度，使学生安全、健康地生活。

（二）劳动教育之劳动技能课程内容

劳动教育之劳动技能课程内容见表5-2-1。

表5-2-1

单元	主题		内容
个人生活	自我清洁自我服务	必备劳动技能	1.扫、拖、擦、刷、洗、拧、揉等基本劳动清洁技能； 2.认识常用的劳动工具：扫把、拖把、抹布、水盆等
		使用物品	1.正确使用学习用品； 2.正确使用劳动工具：扫把、拖把、抹布、刷子、簸箕等
		整理衣物	1.整理小件衣物：内衣裤、袜子、红领巾等； 2.整理大件衣物：外套、毛衣、羽绒服等
		洗涤/晾晒物品	1.清洗/晾晒小件物品：内衣裤、袜子、红领巾等； 2.清洗/晾晒大件物品：书包、鞋等； 3.会用洗衣机洗衣物：厚/薄衣服等
		清洁卫生	1.卫生清洁：洗脸、刷牙、洗手、洗澡、洗头； 2.卫生习惯：保持衣物干净整洁、个人物品干净
学校生活	班级个人卫生班级集体卫生	个人卫生	1.能整理好自己的学习用具：整理书包、课桌； 2.保持自己座位干净整洁：课桌周围清洁卫生
		班级卫生	1.参与班级劳动：擦桌子、扫地、拖地、擦门窗、倒垃圾、布置班级环境； 2.完成值日工作：擦黑板、整理讲桌； 3.参与校园劳动：班级卫生公区打扫
家庭生活	居家使用家务劳动	使用物品	能够安全使用家庭常用电器：电饭煲、燃气灶、电视机、洗衣机、电风扇、热水器、微波炉等
		清洁整理	1.能够进行餐前准备和餐后收拾； 2.能够整理自己的卧室及床上用品； 3.能够整理、打扫房间：客厅、厨房、厕所等； 4.能够刷洗餐具、炊具等； 5.能够开、关、锁门窗
		厨房劳动	1.能够帮忙清洗蔬菜和水果； 2.能够帮忙择菜等餐前准备活动； 3.能够使用简单的刀具和炊具； 4.认识厨房各种调味品； 5.能够开启食品容器； 6.能够进行简单的冲泡饮料和餐食：泡面、奶茶等

四、课程实施案例

（一）劳动教育之劳动技能课程案例

协和实验小学资源教室劳动教育之劳动技能课程开发与实施

1. 总体规划

（1）个人生活

① 自我清洁：自我清洁旨在培养学生个人的清洁能力，让学生有一个良好而干净整洁的形象。课程让学生从头到脚进行清洁自身的学习：可设计1个月每周2课时的学习，1课时理论学习，1课时模拟操作，从洗头、洗澡，保持衣物干净方面来进行教学设计。在进行自我清洁教学的同时，教师要注意在过程中培养学生的卫生习惯，在每节课完成后，都可以让学生及时进行打扫卫生等，同时包括学生劳动技能的习得和劳动工具的认识。扫、拖、擦等动作对应的是使用扫把、拖把和抹布等劳动工具。从进行理论学习，到实物操作需用2课时来进行，即1课时认识相应劳动工具，1课时进行实际操作练习。这些课程内容完成后，教师可以让学生回家进行练习实践。

② 自我服务：课程内容主要倾向于学生整理物品和洗涤、晾晒物品。整理衣物学习理论知识并进行实践操作，一些简单易操作的小件衣物（如红领巾等）可在课堂上进行实操练习，然后让学生类化学习清洗红领巾的过程，回家运用到清洗个人衣物上。大件衣物整理方面，使用学生外套、T恤衫等轻薄衣物进行整理练习。同时进行分类学习（如不同季节的衣物如何分类整理等）。本环节课程安排1个月每周2课时进行学习。

（2）学校生活

① 班级个人卫生：学习个人卫生的清洁整理，以及让学生明白和了解为什么要进行个人清洁卫生，从心里明白一个干净整洁的形象，比邋遢且脏的形象更容易被班级同学接受。学习整理自己的书包，将学习用品有序摆放，将自己的书本保持干净；同时进行自己课桌的卫生清洁，垃圾和废纸不要扔在课桌里，书本和学习用具要在课桌里有序摆放。本环节课程安排半个月每周2课时进行学习。

②班级集体卫生：参与班级卫生劳动和做好值日任务。参与班级打扫教室活动，扫地、拖地、擦黑板、倒垃圾以及摆放教室桌椅等活动，做力所能及的事情。同时进行班级值日任务，做好当天值日工作。教师提前了解学生所在班级值日生的任务，按顺序节点将值日任务进行分解。在学生已经有的值日任务基础上，进行任务顺序的学习，如人走后关灯、门窗等，课间擦黑板等工作。因值日任务班级每个人轮替时间较长，所以可视情况进行课时调整。

（3）家庭生活

①居家使用：能够安全使用家庭常用电器，但涉及的很多电器学校里无法进行实物提供，因此主要进行使用的安全事项学习。学校能够简单提供的电器，尽可能为学生提供可实践操作的经验，让学生通过学习能够进行类化处理。本环节课程内容采用理论与实践相结合的课程形式。

②家务劳动：课程内容主要倾向于学生清洁整理和厨房劳动。清洁整理家庭方面可将资源教室进行模拟，创设成家庭中不同的房间区域，让学生练习如何清洁、整理不同的区域。厨房劳动则可使用理论知识学习和实物操作练习相结合的方式，开展综合课程。

2. 资源选用

（1）教材资源

成都市劳动教育清单。参考资源：《大中小学劳动教育指导纲要（试行）》《义务教育劳动课程标准（2022年版）》《关于全面加强新时代大中小学劳动教育的意见》。

（2）劳动工具及材料准备

书包、文具、收纳盒、卫生工具、黑板、黑板擦、带鞋带的鞋子、洗手液、帕子、芹菜、电磁炉、碗、汤圆、画笔、香袋。

（3）网络资源

教学插图、教学操作小视频。

（4）场地资源

百草园、教室、洗手池。

3. 教学设计

"个人生活——洗脸我能行"教学设计见表5—2-2。

表5-2-2

第一课时学案设计		
课时主题	洗脸我能行	
学习目标	普通学生	随班就读学生
	（1）学会自己洗脸。培养学生生活自理能力，懂得基本的生活自理常识。 了解脸上各个部分名称：眼睛、鼻子、嘴、前额、眉毛、下巴、面颊、耳朵； （2）通过教师示范、指导，学生亲自练习的过程，使学生学会正确的洗脸方法； （3）培养学生爱清洁卫生，自己的事情自己做的习惯。热爱劳动，热爱生活	（1）学会自己洗脸。培养学生生活自理能力，懂得基本的生活自理常识。 了解脸上各个部分名称：眼睛、鼻子、嘴、前额、眉毛、下巴、面颊、耳朵； （2）通过教师示范、指导，学生亲自练习的过程，使学生学会正确的洗脸方法； （3）培养学生爱清洁卫生，自己的事情自己做的习惯。热爱劳动，热爱生活
学习资源	资源准备：儿歌 工具/材料：脸盆、毛巾、洗护用品（香皂、洗面奶）、冷热水	
评价标准	普通学生	随班就读学生
	（1）脸上的部位是否清洗到位； （2）取水、取洗护用品是否适量； （3）使用劳动工具及用品后是否归位放置，特别是毛巾是否拧干悬挂	（1）脸上的部位是否清洗干净； （2）取水、取洗护用品是否能够区分； （3）使用劳动工具及用品后是否归位放置
学习过程	普通学生	随班就读学生
	（1）游戏激趣，引出课题（3分钟） ①师生、生生边听儿歌边抱一抱 （设计意图：课前活动激发学生兴趣，增进师生间的亲近感） ②小游戏，我说你做 老师说脸的部位，学生用手指出。 （设计意图：通过趣味小游戏，让学生认识脸的各部分） 揭示课题：我们来学洗洗脸	随班就读学生积极参与游戏，感受同学之间的友情

续表

第一课时学案设计		
	普通学生	随班就读学生
学习过程	（2）淬炼操作，掌握方法（15分钟） 学生观摩教师示范讲解洗脸的步骤方法：①把双手洗干净；②用水沾湿脸部；③把洗面奶挤出少许在手心搓出泡沫（或香皂适量双手搓出泡沫）；④将泡沫擦洗在脸上的各个部位（注意闭上眼睛）；⑤用清水将皂沫洗干净；⑥用干净的毛巾轻轻拍干脸上的水。 学生分组上台示范：（略） （3）实践操作，练习洗脸（20分钟） 学生分组操作练习洗脸，教师巡回指导。讨论注意事项：①取用洗面奶或香皂要适量；②脸部各部位要清洗到位；③用过的毛巾要放到脸盆搓洗干净并拧干悬挂；④用过的脸盆、洗护用品要放回原位；⑤根据需要取冷水或热水 （设计意图：通过实践练习学习洗脸，做到自己能把脸洗干净。过程中最难的应该是取洗护用品的量，可以遵循少量多次原则取用。脸上的每个部位一定要清洗到位） （4）教师强调每天早上起床要洗脸，脸脏了时要洗脸 拓展练习，评价提升（10分钟） 读儿歌： 洗脸 双手拿起小毛巾， 平平整整放手心， 洗洗眼，洗洗鼻， 洗洗嘴，洗洗颈， 最后擦擦小耳朵， 小脸洗得真干净。 知识介绍： 冷水洗脸好处多：可以增强对气候冷热变化的适应能力，不容易伤风感冒，还对提高学习效率有很大好处 （5）评价 ①自评 ②同学评	随班就读学生注意观察洗脸步骤 学习伙伴协助随班就读学生完成洗脸步骤 随班就读学生自己独立完成洗脸步骤，教师进行指导

续表

	第一课时学案设计		随班就读学生能够在同学的带领下，哼唱儿歌
学习过程	评价人（　　　）		
	（洗护用品）取用适量		
	（步骤方法）操作熟练		
	（部位）清洗充分		
	（劳动用品）及时归位		
	（附评价量表） 教师总结：把脸洗干净了确实神清气爽。洗脸是我们每个人基本的生活自理能力，爱清洁讲卫生，自己的事情自己做		
作业检测	回家和家长比赛洗脸，看谁的动作最娴熟，脸洗得最干净		
学后反思	（略）		

4. 评价反思

（1）前测

学习前，教师针对学生现有的劳动技能使用相应的问答、图卡选择、图卡判断等方式进行一次前测，针对学生了解较少，或掌握不全面的知识点进行着重讲解和学习，已经掌握或已有生活经验的知识点，则作为巩固复习即可。前测作为教学内容和授课课时调整的依据，可以促进教学内容的及时调整，更加符合学生的实际需求。

（2）中测

完成相应课时学习后，教师使用图卡选择和图卡判断等方式，对学生理论掌握情况进行评价检测；了解学生课堂学习的情况，是否掌握当日课程学习内容，同时布置相应的实践作业，作为后测的依据；与前测相比，学生通过学习，是否有相应的提高，知识和技能经验是否有所提升；同时使用"学生劳动课程评价表"和"学生劳动技能评价表"对学生的情况进行测评。测评内容见表5-2-3、表5-2-4。

表5-2-3

领域	次领域	目标	评价
个人生活	（1）自我清洁	① 能够独立完成洗脸、刷牙、洗手、洗澡、洗头等清洁任务	
		② 能够独立完成整理个人着装，如穿多件衣服时每一层衣服整理整齐，有纽扣的衣服按照正确的顺序扣上，有拉链的衣服拉链拉到胸口位置	
		③ 能够保持衣服干净，如中午吃饭时油不弄在衣服上，水彩笔的颜料不弄在衣服上	
		④ 掌握基本的劳动技能：扫、拖、擦、洗、刷	
	（2）自我服务	① 能独立完成使用劳动工具：扫把、拖把、抹布、水桶、水盆、刷子等	
		② 能独立完成清洗、晾晒、整理小件衣物	
		③ 能独立完成晾晒、整理大件衣物	
		④ 能独立完成使用洗衣机清洗大件衣物	
学校生活	（1）班级个人卫生	① 能独立完成整理书包与课桌卫生	
		② 能保持自己座位周围环境干净整洁	
	（2）班级集体卫生	① 能参与班级劳动，服从分配的任务	
		② 能参与班级进行校园劳动，完成班级公区的清洁维护	
		③ 能完成值日生任务，按照顺序做完事情	
家庭生活	（1）居家使用	能安全地使用家庭常用电器	
	（2）家务劳动	① 能够进行餐前准备和餐后收拾，如摆放/收拾碗筷、清理饭后餐桌	
		② 能够整理自己的卧室及床上用品，如打扫卧室卫生，更换床上用品（被套、床单等）	
		③ 能够完成整理、打扫房间，如客厅、厨房、厕所等，进行日常维护和定期清扫工作	
		④ 能够刷洗餐具、炊具，如洗碗、洗锅等劳动活动	
		⑤ 能够独立进行开、关、锁门窗	
		⑥ 能够帮忙清洗蔬菜和水果	

领域	次领域	目标	评价
家庭生活	（2）家务劳动	⑦ 能够帮忙择菜等餐前准备活动	
		⑧ 能够使用简单的刀具和炊具，如使用菜刀和剪刀	
		⑨ 认识厨房各种调味品与开启食品容器，如盐、酱油、糖、醋、油	
		⑩ 能够进行简单的冲泡饮料和制作餐食：泡面、奶茶等	

表5-2-4

内容	目标	评价（完成情况）
扫	在固定的地方拿扫把和簸箕	
	会清扫物品：果皮、蔬菜叶、废纸张	
	会清扫树叶	
	会清扫灰尘	
	会将垃圾倒入垃圾桶	
	完成清扫工作后，将扫把和簸箕放回原位	
拖	在固定的地方拿拖把和水桶	
	会打湿，弄干拖把	
	会打湿、拖干地面	
	会清理脏水	
	完成拖地工作后，将拖把和水桶放回原位	
擦	在固定的地方拿抹布和水盆	
	会打湿和拧干抹布	
	擦桌子、擦椅子、擦柜子、擦门窗、擦各种物品摆件等	
	清洗并晾晒抹布	
	完成擦拭工作后，将清洗干净的抹布放回原位	
洗	会清洗抹布：拧、揉	
	会清洗拖把	
	会清洗水盆、水桶、垃圾桶	
	会清洗门窗、玻璃等	
	会清洗餐具、炊具等	

续表

内容	目标	评价（完成情况）
刷	在固定的地方拿刷子和水盆（桶）	
	会刷厕所	
	会刷鞋子、书包	
	完成刷洗工作后，将清洗干净的刷子放回原位	
备注	① 在他人劳动时，可以自己玩一会儿喜欢的东西；在他人为自己劳动时，能够配合且不排斥。 ② 在他人劳动时，可以自己玩一会儿；在他人辅助劳动时，能够一起参与。 ③ 能够在他人提示或协助下，独立进行特定的几样劳动。 ④ 可以自己安排生活中必需的劳动，且能够根据自己的需要来完成劳动，有一定的劳动质量	

（3）后测

当完成相应课时教学时，教师根据学生的实践体验，再次进行测试，同样使用图卡选择、图卡判断和简单问答等形式，引导学生回忆实践过程的内容，表达自己的心情、看法和需求等。同时后测结果可作为下次前测的参考，以及教学内容延伸拓展学习的依据。

（二）种植课程案例

黄龙溪学校资源教室种植课程开发与实施

1. 种植课程开发背景

2018年9月，习近平总书记在全国教育大会上明确提出："要在学生中弘扬劳动精神，教育引导学生崇尚劳动，尊重劳动，懂得劳动最光荣，劳动最崇高，劳动最伟大，劳动最美丽的道理。长大后能够辛勤劳动、诚实劳动、创造性劳动。"这对劳动教育提出了新的更高要求。在黄龙溪学校全面提倡劳动教育，学校作为成都市市级示范性资源教室的融合教育学校，也对融合教育特殊需要学校的劳动教育进行了思考：融合教育特需学生最终要融入家庭、社区及整个社会中，让他们掌握一项必不可少的劳动技能势在必行。

2. 种植课程开发的可行性

（1）学校现状

俗话说"一方水土养一方人"。乡土教育应立足于现实生活。家庭、学校、社会都应是它的开放的大课堂。黄龙溪学校是一所九年一贯制学校，地处农村，所在乡镇适合种植蔬菜瓜果，当地村民多为菜农。秉承学校的办学理念——生活、求知、和谐、发展，我们依托乡土地域环境和文化资源，让学生用自己勤劳的双手在美化生活环境的同时，培养对自然科学的浓厚兴趣。因此，学校开辟了大块种植基地，使全校学生参与其中，从而培养学生热爱家乡及家乡人民、珍惜劳动成果的思想情感。

（2）随班就读学生现状的需要

目前学校融合教育特需学生共有7人，其中脑瘫1人、听力障碍2人、孤独症2人、注意力缺陷多动症2人。由于学生的年龄差距较大，在给学生进行学业补救的同时，我们更多思考的是孩子的未来。根据融合教育特需学生的学习情况，在学生掌握了基本的个人劳动技能之后，在给学生进行学业补救的同时，我们更多思考的是孩子的未来，于是在资源中心的指导下，我们结合学生所处的生活环境和本校的发展特色，对融合教育特需学生开设了种植特色课程。本门课程重在发展学生兴趣，引导学生热爱自然，热爱生活，为他们提供更为广阔的发展空间，提供参与欲、表现欲实现的时间和空间，使他们从小了解一些植物栽培的知识。这不但符合学生的年龄特征和心理特点，而且可以为其将来踏入社会、为创造自己的美好生活奠定良好的基础。

（3）种植活动融入学校劳动教育的可行性

陈鹤琴先生说："大自然是我们的知识宝库，大社会是我们的生活宝库，是我们的活教材。"学校教育中的课程体系依托生活，让学生在生活中学习，在学习中生活。生活和学习是密不可分的两部分。随着随班就读学生年龄的增加，我们迫切地希望他们能在生活中展示自我，从而让他们先从自身认同自己，肯定自己，对自己建立信心，对生活充满热爱。

（4）劳动教育的价值

劳动教育是新时代五育并举的重要环节，是学生成长的必要途径，具有树德、增智、强体、育美的综合育人价值。学校将持续推进学生劳动实践教育，落实落细劳动实践教育目标，让学生体会到劳动的快乐，感受到劳动带来的收获。

3. 课程目标

（1）总目标

种植课程的总目标主要从"知识与技能""过程与方法""情感、态度与价值观"三个维度的进展概括描述：

① 知识与技能。

A. 了解身边常见的蔬菜、瓜果、花卉的生长习性和种植方法。

B. 了解若干日常生活中常见的农具和生产资料的名称。

C. 能根据植物的生长完成日常观察记录表和写出观察日记。

D. 种植过程中尝试学会与他人合作、交流，培养合作能力和人际交往技巧。

E. 蔬菜丰收后，利用简单的烹饪技术做美味可口的饭菜。

② 过程与方法。

A. 依据时令季节选择合适的种植项目。

B. 在老师的带领下认识并了解相关时令蔬菜（红油菜、葱、冬寒菜、豌豆尖、豌豆、豆芽等）。

C. 能定期浇水、锄草、松土、施肥等。

D. 学会利用观察、照相、画画等方法记录蔬菜的成长。

③ 情感、态度与价值观。

A. 通过老师的指导和亲身实践，体验种植的快乐与收获的喜悦。

B. 在种植实践活动中，锻炼融合教育特殊需要学生的实践能力、动手能力。

C. 通过种植园的劳作，培养良好的劳动习惯，养成勤俭节约的劳动品质，促进健康成长。

（2）水培种植目标

① 知识与技能。

A. 了解水培的一般规律、掌握水培的基本方法。

B. 了解有哪些植物适合水培。

C. 通过水培实验，尝试自己水培豌豆、香葱等常见的蔬菜。

② 过程与方法。

A. 在生活中积累经验，了解无土栽培的基本知识。

B. 通过水培实验操作，培养自主学习和动手操作的能力。

C. 掌握水培基本技能，促进发现和解决问题。

③ 情感、态度与价值观。

A. 提高热爱自然的情感，增强动手学习能力。

B. 培养节约、珍惜劳动成果的意识。

（3）土壤种植目标

① 知识与技能。

A. 认识常见的劳动工具并能学会使用，如锄头、割草刀、喷壶等。

B. 参观学校种植园，初步认识常见蔬菜的名称及特征。

C. 学会基本的土壤种植技术。

② 过程与方法。

A. 联系生活实际，在老师、家长的帮助下学习种植蔬菜的过程和管理技术。

B. 提高分析问题、解决问题和参与生产实践能力。

C. 有效利用种植区，学会自主种植和管理。

D. 关注蔬菜的生长变化，获得相关来自自然和生活的知识经验。

③ 情感、态度与价值观。

A. 初步感受到自己吃的蔬菜是由菜农伯伯的辛勤劳动换来的，在潜移默化中培养勤俭节约、热爱劳动的情感。

B. 培养爱心、耐心责任心以及观察能力。

C. 能在种植过程中学有所获，调动种植的积极性。

4. 种植课程资源开发的步骤与内容设计

（1）步骤

第一步，发现课程资源。

黄龙溪学校地处农村，在学校的操场后面，有一个特殊的地方——农耕乐园。校长黎明生说："在校园里做农场，起初是希望孩子们在学校就能够体验到父辈耕作的快乐。时间久了，发现农场还可以作为学生知识面拓宽和能力培养的一个重要学习基地。"而且学校所在的乡镇，当地村民多为菜农，适合种植蔬菜瓜果。综合以上来看，这些都为种植课程的开发打下了良好的基础。

第二步，确立课程目标、整合资源。

确定种植课程资源后，我们根据学校的实际情况以及学生的身心发展特点，确定了种植的课程目标，整合教学资源，进行了种植课程相关教学设计。

第三步，课程实施。

在这个过程中，我们实际是边使用边修改课程方案，使用课程也是优化课程的过程。

（2）课程内容设计

① 根据学生的兴趣和需求，我们结合季节特征与学生的年龄特点，依托校园和家庭等资源，进一步挖掘适合不同年龄阶段的学生种植活动内容；引导学生利用符号、测量、绘画等多种方式记录植物的生长。设计的有针对性的种植活动内容见表5-2-5。

表5-2-5

活动名称	核心价值
种植园有块空地	① 尝试运用观察、推理，检验等方法寻找不同蔬菜的种植规律； ② 在种植过程中，体验同伴互相帮助、共同解决问题的快乐
植物生长的奥秘之土壤	① 通过实验和动手活动，感知土壤中有水、空气，以及它们与植物的关系； ② 养成善于观察和记录的习惯
植物的"朋友圈"	① 在照顾植物的过程中，在交流、观察与分享中，发现植物具有不同生长习性； ② 初步激发顺应植物不同习性进行照顾的意识
自己种植	① 种植自己喜欢的蔬菜，激发对种植和照顾植物的兴趣； ② 培养善于观察和记录的能力

② 认识日常生活中常见的豌豆、白菜、萝卜等蔬菜。

③ 水培种植：水培豌豆、水培绿豆、水培香葱、水培豆芽。

④ 土培种植（按季节划分）：春季种植菠菜、青菜、生菜、茄子、黄瓜、空心菜、辣椒等，夏季种植空心菜、花菜、苋麦菜、黄瓜等，秋季种植菠菜、香菜、莴笋、芹菜、豌豆苗等，冬季种植青菜、菠菜、香葱、大蒜、小白菜等。

5. 课程实施原则与流程

（1）种植课程实施原则

在活动实施中，教师应该把握安全性、种植的季节性、不同年龄段学生对种植的关注度、本地区的气候和土壤等因素，让学生喜欢种植，快乐参与种植。

① 内容选择关注适宜性。

种植内容的选择应考虑季节性、学生年龄特点、地域性等，同时种植环境的创设也要符合学生的年龄特点，易于学生操作和观察。

第一，要考虑季节性。植物的生长具有季节性，要根据季节的变化来种植，这样有利于植物生存和苗壮成长，有利于学生观察。如果选择了不适宜的季节，就会出现植物坏死或不易培养的情况。

第二，要考虑学生的年龄特点。种植活动重在激发学生的兴趣，前期以水培类种植为主，让其参与简单的种植，提高种植兴趣，使学生通过观察、比较发现植物生长的变化，并尝试用简单的方法记录；后期可让学生进行土培种植，让其以小组的形式进行自主管理，并用自己的方式记录植物的生长。

② 操作记录注重互动性。

种植活动以操作、体验为主，有较强的互动性。教师可以记录学生与植物互动、师生互动、生生互动的情况，也要引导学生记录下种子成长的每个瞬间。当学生不知道如何记录时，教师可以适时提问："今天的黄豆芽又长长了，像什么？"学生说："长长的，像头发。"这样的师生互动，可帮助学生更好地发现与观察。

记录可以促使学生更加仔细地观察，而对记录的解释则能进一步培养学生的语言表达能力。因为学生发展存在个体差异，所以教师提供的记录纸需要有所差异，如可以有表格形式的、有留白形式的，让学生根据自己的能力水平和需求进行自主选择。

（2）资源教室种植课程实施流程见表5-2-6

表5-2-6

参加学生	种植计划	工作安排
随班就读全体学生	第一阶段：准备种子、除草、松土、施肥的工具	① 前期调查春季种植的蔬菜，选择适宜的时令种子； ② 并开垦土地
	第二阶段：学习相关蔬菜种植技巧和方法	① 掌握相关种植技巧； ② 亲身实践，播种蔬菜
	第三阶段：带领学生观察蔬菜生长的过程	① 观察蔬菜的成长； ② 记录蔬菜的成长变化
	第四阶段：学生自己进行种植照护	① 及时施肥、浇水、除草； ② 保障蔬菜苗壮成长
	第五阶段：学生观察成熟后的蔬菜，进行采收及烹饪	① 采摘蔬菜，体会丰收的喜悦； ② 了解、掌握相关蔬菜的烹饪方法
	第六阶段：总结、展示学生每次劳动后都要认真总结并写劳动日记	① 建立种植课程档案，每月进行总结； ② 总结蔬菜种植的方法和经验

资源教室种植课程实施需要进行整体设计，大的主题可以分为水培和土培，然后再进行相关种植内容的单元设计。接下来，我们以"大蒜奇遇记"为例进行单元设计。

（3）课例：大蒜种植单元教学实践

① 单元学习目标。

最近学生对种大蒜很感兴趣。对于大蒜，他们多数是在家里的厨房见过，可能部分学生会受成人的"阻得"，对大蒜既熟悉又陌生。为了提高学生对种植的兴趣，于是，我们就开展了此次"大蒜奇遇记"的活动。具体目标如下：第一，知道大蒜的生长过程、种植的方法以及大蒜的结构。第二，初步了解大蒜，并尝试自主剥蒜、品尝大蒜，观察、探索大蒜的奥秘。第三，通过种植大蒜的系列活动，体验种植大蒜带来的乐趣。

② 单元主题内容设计如图5-2-1所示。

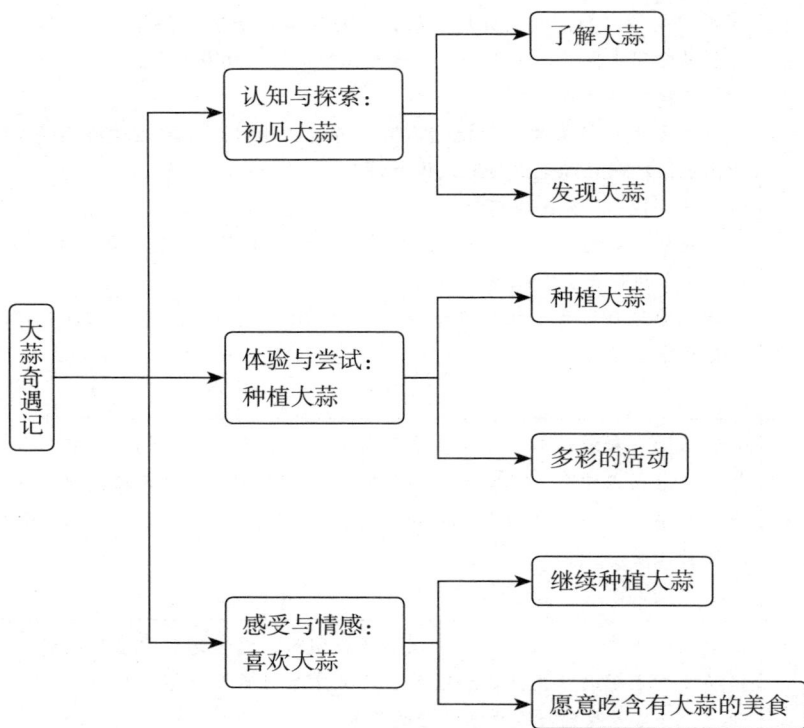

图5-2-1

③ 课例展示。

第一课时认知与探索：初见大蒜，见表5-2-7。

表5-2-7

学情分析	7名融合教育特需学生对种植课程有浓厚的兴趣，动手操作能力强，但还需进一步指导
学习目标	认识大蒜，掌握大蒜的生长习性； 能够区分大蒜和葱； 通过观察，学习用简单的语言讲述对大蒜的认识和发现
教学重点	认识大蒜，掌握大蒜的生长习性； 能够区分大蒜和葱
教学难点	通过观察，学习用简单的语言讲述对大蒜的认识和发现
教学准备	视频、大蒜、种植盆
教学过程	活动一：大蒜的秘密 根据学生的问题，我们开展了认识大蒜的集体活动。在看一看、闻一闻、剥一剥的学习中，让学生更好地了解大蒜的形状、构成 活动二：区分大蒜与葱 学生对于大蒜与葱的认知模糊不清，通过实物对比让学生现场感受大蒜与葱的区别，从而让学生更好地认识大蒜 活动三：找一找大蒜在哪里 通过视频了解大蒜的生长环境，知道大蒜生长在哪里以及需要哪些气候条件 活动四：讨论大蒜能吃吗？怎么吃？ 让学生通过日常生活的积累讨论大蒜的吃法，可以怎么吃，以此来检验学生的日常生活经验
教学成效	通过活动一和活动二，学生基本了解了大蒜的形状及结构，并能区分大蒜和葱。在活动三中，大蒜需要哪些气候条件对于学生来说比较困难，学生无法准确地说出。在活动四中，部分学生能够通过日常生活经验说出大蒜的吃法以及怎么做
教学反思	本堂课可以看出特殊学生语言理解较为困难，需要通过更多的视频、实物等辅助工具来帮助学生认识和理解。部分学生日常生活经验匮乏，需要和家长沟通，加强学生的日常生活经验的积累

第二课时体验与尝试：种植大蒜，见表5-2-8。

表5-2-8

学情分析	7名融合教育特需学生对种植课程有浓厚的兴趣，动手操作能力强，但还需进一步指导
学习目标	了解掌握种植大蒜的步骤； 学会独立种植大蒜； 在大蒜生长过程中，通过绘画、测量等方式记录大蒜的成长过程
教学重点	了解、掌握种植大蒜的步骤； 学会独立种植大蒜
教学难点	在大蒜生成长过程中，通过绘画、测量等方式记录大蒜的成长过程
教学准备	视频、大蒜、种植盆
教学过程	活动一：种植前期活动，如何种植？ 在种植环节围绕怎么种植、种在哪里、需要什么工具三个问题展开。积极引导学生自主探索寻找问题的答案。学生在集体活动中对大蒜有了一定的认识，并且部分学生有一定的种植经验，那么我们只需加强引导，组织好目前的活动，帮助学生构建新经验，继而引发后续的观察和进一步思考 活动二：进行种植 带领学生到种植基地进行实践操作，教师对能力较弱的学生加以引导，让学生掌握种植大蒜的基本技能 活动三：种植阶段性活动 种植完成后，引导学生阶段性观察、记录大蒜的生长过程，通过比高矮，比一比谁种得更好，激发学生认真呵护幼苗 活动四：多彩的活动 第一，健康活动 a.拔大蒜；b.制作大蒜鸡蛋饼 第二，艺术活动 a.自然角：写生；b.美工区：画大蒜。 第三，亲子活动 a.腌制大蒜头；b.品尝大蒜制作的美食
教学成效	在如何种植这一环节中，有经验的学生积极表达着自己的想法，最后在教师的引导下，大家形成了一致的种植方法。部分能力较弱的学生，在独立种植环节中存在些许困难，同学之间能够积极互帮互助，形成良好的氛围。通过阶段性的生长，教师可以让学生比较自己与他人幼苗的变化，从而激发其认真呵护幼苗的欲望。最后在多彩的活动中，让学生通过不同的活动，体验种植大蒜的乐趣
教学反思	本堂课可以发现部分学生对于种植技能部分存在困难，在这个环节中，教师还需多次反复实践操作步骤，帮助能力较弱的学生加以理解

6. 评价反思

评价的目的是促进教师和学生共同发展，让学生体验丰收的喜悦，因此，我们从以下三点来进行评价。

（1）评价主体多元

① 融合教育特需学生自我评价：融合教育特需学生通过"观察记录表"、现场观摩、现场交流等方式进行自我评价。

② 教师评价：教师对融合教育特需学生的劳动过程、劳动技能等详细记录，形成"学生成长档案"。

③ 学校评价：学校主要从劳动习惯、劳动品质、劳动情感等方面对融合教育特需学生进行评价。

（2）评价方式多样

① 现场点评：教师当场对学生的劳动情况及时点评，进行指导。教师记录每个学生的表现，对学生进行劳动意识与劳动技能的评定。

② 开展竞赛：组织"锄地小达人""种菜小能手""农耕知识大比拼"等竞赛评比活动。

③ 成果验收：学校邀请经验丰富的教师对学生的劳动成果进行验收，并将成功或失败的因素进行分析，积累学生劳动经验。

（3）评价内容多维

评价内容呈阶梯状，由浅入深，由简到繁。

① 教师对学生的农耕知识进行评价。

② 教师对学生的劳动技能、技巧进行评价。

③ 教师对学生的劳动态度、劳动习惯、劳动情感进行评价。

第六章

资源教室心理支持类课程

资源教室心理支持类课程是对随班就读学生进行支持的重要或体。通过实施资源教室心理支持类课程，可以促进随班就读学生人格和谐发展，社交能力提升，适应环境，融入班级，在日常学习和生活中更加协调，为学科支持、能力提升、康复休闲等资源教室课程提供坚实的基础。本章主要对资源教室心理支持类课程背景与价值、概念与特点、设计原则与依据、设计思路与架构、评估、目标、实施与评价等内容进行梳理，拟为各融合教育工作者提供参考。

第一节　资源教室心理支持类课程概述

一、资源教室心理支持类课程研究背景

（一）随班就读学生心理健康问题研究进展

已有研究表明，随班就读学生心理健康问题比正常学生的心理健康问题更突出。研究指出，很多随班就读学生普遍存在一定心理问题，包括学习焦虑、对人焦虑、孤独倾向、自责倾向、过敏倾向、身体症状、恐怖倾向、冲动倾向，极度缺乏安全感和信任感等弥散性心理问题，以及缺乏自信、情绪失调、自卑感强烈、过分依赖或社会退缩等问题，适应不良的学生会表现出焦虑、注意力不集中、低自尊、学习兴趣减退、攻击性等问题。但目前关于随班就读学生心理健康问题应对研究较为缺乏，仅有针对个别心理问题的干预策略和突出心理现象的教学建议，心理健康支持体系的构建，尚未有系统的心理健康课程研究。

（二）区域随班就读学生心理发展现实需求

区域随班就读学生学习发展现状与资源教室课程建设现状调查也显示，多数随班就读学生存在不同程度的自卑、胆怯心理以及行为问题，而且很多适应问题和行为问题都是由学生存在心理健康问题所导致的；调查中融合教育老师针对随班就读学生提出了以下几点亟待改善的方面：①学生情绪控制能力及分辨是非能力有待提高；②应当加强特需学生的心理疏导和自信心培养，加强家校协同育人工作。

（三）心理健康教育政策要求

近年来，社会越来越重视学生心理健康状况，并就此颁布了多个相关文件。2021年，教育部印发了《教育部办公厅关于加强学生心理健康管理工作的通知》《关于加强心理健康服务的指导意见》，2023年教育部等十七部门关

于印发《全面加强和改进新时代学生心理健康工作专项行动计划（2023—2025年）》的通知，重点提出关注中小学学生心理健康问题，加强心理健康课程建设。随班就读学生作为中小学生的组成部分，存在极高心理健康问题风险，心理健康教育政策也充分推动着针对这部分学生的资源教室心理健康课程的实行。

二、资源教室心理支持类课程研究价值

在随班就读学生的学习心理干预方面，课程教学是主要的手段。构建资源教室心理支持类课程可以满足随班就读学生的人格发展需求。随班就读学生跟普通学生一样，除了生存生活和教育等基本性需要外，也需要建立完整的自我人格，客观地认识自我和世界，获得归属感和自我价值感，适应环境等。心理健康课程可以支持他们的人格发展需求，促进随班就读学生的身心发展，学习为自己的人生承担责任，获得个人尊严，培养他们积极乐观的人生态度，从而促使他们养成良好的心理品质和健全人格。

构建资源教室心理支持类课程可以提升随班就读学生的社会交往技能。随班就读学生也有社会性需要，然而现实中，普通儿童与随班就读学生之间容易产生隔膜，导致随班就读学生不愿意参与社交活动，出现社交退缩行为。资源教室心理支持类课程将培养随班就读学生的社会交往能力作为核心内容，鼓励他们多与他人接触，主动融入环境，满足随班就读学生的社会性发展需要。

构建资源教室心理支持类课程能够提高随班就读学生的社会接纳度。就社会环境来讲，随班就读学生在就读的过程中，通常会被社会标签化和边缘化。外界普遍认为，随班就读学生智力低下、生活无法自理、没有学习能力、心理行为异常、可教育性低。这些标签意味着随班就读学生经常遭遇来自普通家长的误解、学校的轻视、普通教师的忽视和普通儿童的歧视，使他们的教育质量、学业成就与人际关系、心理健康都受到消极影响。资源教室心理支持类课程可以提升随班就读学生的心理健康与行为表现，促使特殊家长、普通家长、普通教师、普通儿童以及社会陌生人改变对随班就读学生的认知方式、观念与态度，达到心理认同与接纳。

融合教育是随班就读学生教育的终极形态，融合教育理念内核是尊重生命的差异性、个体发展的多元化、平等共生的人权观，融合教育理念与心理健康课程作用相契合。综上所述，随班就读学生突出和特别的心理健康需求、心理

健康课程的育人发展功能、心理健康课程与融合教育理念内核和趋势的契合，都指向资源教室心理支持类课程的建设。实施资源教室心理健康教育课程，为随班就读学生融入社会、自我发展、开启智慧人生提供必要准备，既是随班就读学生身心发展的实际需要，又是时代发展的迫切要求。

三、资源教室心理支持类课程概念

心理是一种教育维度，也是教学的内容；心理健康教育是根据学生的心理发展规律和特点，针对学生在学习、生活、交往、成长、成才中普遍存在或可能出现的心理问题为重点，有目的、有计划、有组织地通过心理训练，培养和提高学生心理素质的教育活动。课程是指学校学生所应学习的学科总和及其进程与安排（教学计划、大纲、教材、课程标准）：广义的课程是指学校为实现培养目标而选择的教育内容及其进程的总和，它包括学校所教的各门学科和有目的、有计划的教育活动；狭义的课程是指某一门学科。

心理健康教育课程是指学生在学校情境中获得的关于心理健康发展、心理素质提高方面的全部教育性经验，旨在探讨如何通过课堂教学与相关活动来提高学生的心理素质水平，包括课程设计、课程组织或实施、课程评价等问题。

心理健康课程分为独立型心理健康课程和融合型心理健康课程。独立型心理健康课程分为心理健康教育学科课程、活动课程、环境课程；融合型心理健康教育课程可以在学科课程、活动课程、环境课程中融合心理健康教育。

资源教室心理健康课程是由资源教室的资源教师、心理教师、治疗师，系统地运用心理学、行为学理论与方法，针对普通学校随班就读学生的心理问题、行为问题、情绪问题进行心理健康干预、行为支持、教育教学的内容与进程的总和。以下均简称"资源教室心理支持类课程"。资源教室心理支持类课程也分为独立型和融合型两类课程，所以并不局限于资源教室这一地点。

资源教室心理支持类课程与中小学心理健康课程一样，资源教室心理支持类课程也有活动性、体验性、实践性的特点。由于随班就读学生特殊的心理特质，资源教室心理健康课程还具有弥散性。心理课程具有见效慢、时效长等特点，为保证效果，资源教室心理支持类课程不会仅限于资源教室，也会结合集体心理课，其他音体美课程和系列德育课程，并积极联合班主任、学科教师、同学、家长为学生提供适切的心理支持。

第二节　资源教室心理支持类课程设计思路

一、资源教室心理支持类课程设计原则

（一）针对性原则

随班就读学生的心理健康教育必须根据各类障碍学生的身心发展特点和认知规律，如障碍类型特点、年龄特点、性别特点、表现特点、个性特点以及随着时代的不同而表现出的特点，强调多感官刺激、生活化变式等，尊重差异，因势利导，有针对性地对其实施教育。资源教室心理支持类课程需对学生进行评估，把握心理问题的症结，依据随班就读学生的个别化教育计划设置，为其量身定制个性化课程。

（二）主体性原则

资源教室心理支持类课程在针对随班就读学生进行心理健康教育的过程中要以学生为中心，师生双方只有在人格上平等、心理上相容时，随班就读学生才能放开自我，积极应和教师的心理健康教育措施。教师要注意采用一些有效方法调动学生的主动性、积极性，尊重他们的人格与尊严，避免使他们产生心理抗拒，满足其独立需要，发挥其主体作用，通过课程实施让学生在活动中感受、体验，接受训练和启示，强调学生的参与意识、实践意识、主动意识，在平等协商对话中有效地培养温暖感、信赖感、亲切感，形成互相尊重、独立自主等人际关系和良好人格。

（三）发展性原则

教师在通过资源教室心理支持类课程进行心理健康教育时，要注意以发展变化的观点来看待随班就读学生出现的问题，不仅要在对问题的分析和本质把握中善于用发展的眼光做动态考察，而且对问题的解决和教育效果的预测上也要具有发展的观点，做到立足于学生发展的现实需要，着眼于学生的生涯发

展，在问题发生前、发生中给予必要的干预。

（四）系统性原则

资源教室心理支持类课程要求教师运用系统的观点指导工作。在心理课程设计的逻辑上，考虑到随班就读学生内部心理特征，如认知等会受到智力障碍的影响，整个心理活动没有普通同伴统一，个体身心因素与外部家庭、学校、社会环境存在彼此制约、互为因果的错综复杂的联系。因此，资源教室心理支持类课程应从学生个体心理的完整性和统一性、个体身心因素与外界环境的制约性和协调性，来全面考察和分析随班就读学生心理问题的形成原因并找出对策，同时整合学校、家庭、社会各方面的教育资源，使随班就读学生心理健康教育有效、持久地开展。在心理支持类课程的体现形式上，心理支持类课程是有计划、有组织、系统地安排与实施的活动，其内容是由许多个主题按一定顺序结合而成的，活动时间是事先安排好的，具有系统性和组织性。

（五）活动性原则

学生的心理品质是在活动和交往中形成的，资源教室心理支持类课程要重视通过活动来促进学生的心理发展，需组织丰富多彩、形式多样的活动来激发学生的兴趣，强调活动的趣味性、游戏化、过程性、情境性、经验性，并通过系列活动让学生重复参与各种训练和练习，提高社会性活动和交往的能力。

（六）成功性原则

成功体验对于动机的激发作用大于失败体验，尤其是对于随班就读学生来说，他们在生活和学习中长期遭受挫折，因此，资源教室心理支持类课程要尽量使随班就读学生产生成功、愉快的体验，为其提供成功机会，激发其对学习的兴趣，增强其自信心。

二、资源教室心理支持类课程设计依据

（一）资源教室心理支持类课程设计必须遵循学生的心理发展特点

随班就读学生最显著的特征是智力功能和社会适应行为低下，而且在生活自理、运动、语言、认知、交往、自我管理和社会行为等多方面存在缺陷。构建资源教室心理支持类课程，应当符合学生的心理发展需求，以学生心理潜能的开发与自我发展能力为核心，改善学生个体现有的心理行为问题、提高其生活生存能力。

（二）资源教室心理支持类课程设计必须契合社会融合的心理维度

黄匡时博士在分析社会融合的心理建构时，提出了社会融合起源于个体的自我认同，而自我认同理论为社会认同理论和社会接纳理论提供了可能，心理课程要通过增强学生在学校和社会的归属感与价值感来帮助学生培养宝贵的品质和人生技能。资源教室心理支持类课程应该从社会融合、心理融合的角度出发，帮助学生适应环境，融入社会，具体表现为认知上的理解、感情上的共情、行为上的协调，提高特殊学生的社会融入和社会接纳度。

（三）资源教室心理支持类课程设计必须符合融合教育理念

唐泉和林云强认为，融合教育就是全部接纳，随班就读学生有权与同龄儿童在一起自然地、正常地接受普通学校和社区相关教育与服务，有尊严地参与社会生活与交往，得到社会接纳且承认他们的价值。资源教室心理支持类课程要从融合教育理念出发，促进随班就读学生的学业进步与社会技能发展，改变相关人士对随班就读学生的态度与信念，形成平等、共享、多元的特殊教育文化氛围。

三、资源教室心理支持类课程设计流程

（一）确定课程服务对象

资源教室心理支持类课程为谁开设？服务对象是谁？笔者认为，随班就读学生与普通学生拥有心理支持的需求是具有共性的，资源教室心理支持类课程适用于心理测评结果显示为心理问题高风险或心理支持高需求的学生，尤其针对有高心理调适需求的随班就读学生，包括听力障碍、脑瘫、肢体障碍、ADHD、学习障碍（认知越好的残疾学生越有需要）。值得一提的是，大量随读教师、资源教师反映，随班就读学生家长也需要大量的心理支持，因此资源教室心理支持类课程也会涉及随班就读学生家长，为其提供必要的心理健康服务。

（二）确定课程设计主体

资源教室心理支持类课程由谁来设计和提供支持和资源？资源教室心理支持类课程应由资源教师、心理教师主导设计，包括学生评估、目标制定、内容设计、课程实施、课程评价，随读教师、学科教师、学生家长给予配合，随班就读分管行政提供课程支持，包括排课支持、资源支持、专业支持、经费

支持等。

（三）课程内容的设计与实施

资源教室心理支持类课程的构建与实施思路如下。

评估学生学情—制定资源教室心理支持类课程目标与内容—设置资源教室课程结构并安排课时—实施并评价资源教室心理支持类课程。

第三节 资源教室心理支持类课程学生评估

一、初步筛查，分析学生基本情况

初步筛查有心理支持需要的随班就读学生主要有以下几个渠道：资源教师、心理教师锁定随班就读学生，观察学生日常行为，与学生任课教师、家长进行访谈调查，与学生、同学进行谈话交流等进行简单的普适性心理健康筛查，初步确定有心理支持需要的学生及其主要问题。

根据已有研究和调查，我们总结出了各障碍类型随班就读学生的主要心理问题，以供参考，见表6-3-1。

表6-3-1

障碍类型	主要心理问题
视力障碍	对环境缺乏安全感，情绪控制差，心理韧性差，亲社会行为少，学业压力过大
听力障碍	常倾向于负向的自我评价，自我接纳程度低，表现出较健听者更低的幸福感水平，有污名化心理压力和疏离感
智力障碍	心理理论、执行功能都显著落后于普通同龄儿童，同时多伴有显著的情绪识别困难，常因智力导致的学习失败经历而产生焦虑，因人际关系上的退缩等产生孤独感，缺乏自信心和独立性，情绪易波动，有冲动行为
孤独症谱系障碍	大部分存在情绪情感问题，情绪波动，表达障碍，过度亢奋、自卑、忧郁、烦躁、焦虑；存在社会适应问题，交往动机弱，交往技能差；存在不良行为问题，注意力涣散、违抗、刻板、破坏、逃离、自伤、攻击、不当身体接触、发脾气；存在感觉异常的问题，并容易因为外部环境缺乏可预测性而焦躁不安，部分孤独症个体患有述情障碍，具体表现为难以区分自身躯体感觉与情绪、难以描述自身和他人情绪等症状，无法和他人建立有效的情绪联结
肢体障碍（脑瘫）	对外界刺激比较敏感，遭受挫折时，易产生自卑，生活中面临较多的困难；因长期受到照顾易养成依赖的心理，成就动机弱；人际交往受限，行动不便，容易产生焦虑、孤僻、敌视等心理问题

二、评估定位，描述学生具体问题

通过心理健康评估工具对有心理支持需要的随班就读学生进行有针对性的心理健康诊断、评估、衡量和定位，全面了解随班就读学生的生理和心理特点、社会适应能力、学业成就能力以及心理健康水平，认真分析其对心理健康教育特殊需要的内容及需求程度，定位随班就读学生心理支持需求，制订个别化教育计划。评估形式包括量表、问卷、访谈、观察等。资源教室心理支持类课程设计常用学生心理健康评估工具见表6-3-2。

表6-3-2

作者	工具
杨晓翠编制	《特殊教育学校学生心理健康问卷》
周步成等修订	《心理健康诊断测验（MHT）》
中国残疾人联合会编制	《智力残疾儿童系统康复训练评估表》
忻仁娥等修订	《Achenbach儿童行为量表（CBCL）》
Asher等编制	《伊利诺斯孤独感量表》（*Illinois Loneliness Questionnaire*）
Kovacs编制、Chen等修订	《儿童抑郁量表》（*Child Depression Inventory*）
徐洁、方晓义等修订	《家庭功能量表》
Parker等编制	《友谊质量问卷简表》
须芝燕编制	《随班就读学生学校适应教师问卷》 《随班就读学生学校适应家长问卷》
叶平枝、丛欢改编	《幼儿社会行为教师问卷》

第四节　资源教室心理支持类课程目标与内容

一、设置课程目标

（一）确定总体目标

资源教室心理支持类课程要尊重随班就读学生的个体差异，有针对性地调节学生的心理状态，提高他们的心理健康水平，促进其人格全面发展、人际关系协调、更好地融入班级和社会。结合中小学生心理健康目标和随班就读学生现实发展需求，随班就读学生心理健康教育的总体目标可以概括为以下几点。

在随班就读的环境中，通过心理健康教育与心理干预方法的途径，帮助随班就读学生发展良好的心理品质和相对健全的人格，使他们具有一定的心理调节和行为控制能力，学会处理与周围人及周围环境的关系，能自立并融入社会，参与社会生活。

随班就读学生能够在班集体中得到普通儿童的接纳，建立良好的人际关系，发展同伴友谊和归属感。随班就读学生在与他人交往时，能得到他人的接纳，正确处理好与他人的关系，做到平等和谐，最终达成社会群体对随班就读学生从认知、情感到行为上的接纳，做到真正的心理融合。

资源教室心理支持类课程的总目标是，在个人层面上，帮助学生适应自我成长，迎接新的成长任务，接纳自己，学会自我控制和管理，提高自信，培养积极的心理品质；在人际适应上，培养学生友好的交往品质，找到安全感和归属感；在环境适应上，帮助学生适应环境、集体和校园生活，提高心理适应力，感受生命成长的美好和意义。

（二）搭建层次目标

根据随班就读学生的年龄特点及其障碍程度的差异性，资源教师心理支持类课程应重点突出不同的层次目标。资源教师心理支持类课程目标由浅入深应分为以下层次。

1. 个性品质上自我和谐

随班就读学生能够情绪稳定、有安全感，认识自我、接纳自我，自我学习、独立生活，能够形成自信、自尊、自爱、参与、交流、合作与分享等良好个性和健全人格，具备一定的生活、学习、解决问题的能力，从而实现自己的潜能。

2. 人际交往上人际和谐

随班就读学生能够主动融入班集体，与普通儿童建立和谐的人际关系，发展同伴友谊与集体归属感，能通过交互活动学习与掌握一些实用的沟通技巧。

3. 集体情感上人际和谐

随班就读学生能参与普通班级里的集体教学与团体活动，在开展活动过程中能严格遵守集体规则，能够通过音乐、美术、体育等共同爱好与兴趣，愉快地表达出内心的情感与合理调适自己的情感，能够做到角色功能协调一致，行为符合年龄、环境，实现个人满足，能够与家人、教师、同学、朋友和陌生人建立起深入的、令人满意的、合作的关系，真正地将社会接纳和自我接纳完美结合。

4. 社会适应上社会和谐

随班就读学生能够适应环境，得到家庭、学校、社区的积极关注和帮助，充分参与有意义的社区活动与社会生活实践，全面了解社会，学会生存技能，包括能主动遵守并服从社交规则，对他人谦让友好，表现出良好的社会礼仪等，从而不断提升个人的社会适应能力和生活生存能力。

（三）制定个别目标

陈永乐指出，资源教室心理支持类课程与中小学心理课程适应要求不同，教师要根据每个随班就读学生的问题程度及其身心特征，进行相应的调整、变更和改编，以确保能有效达成每个学生的心理需求。教师要根据视力障碍、听力障碍、智力障碍、孤独症等特殊儿童的身心特征，把潜能开发、缺陷补偿与社会适应康复作为实践原则，结合资源教室心理支持类课程总体目标、层次目标、各障碍类型可能存有的共性心理问题和个体评估反映出来的具体问题，制定个别目标。教师在制定资源教室心理支持类课程个别目标时，要注重诚实、正直、自信心、情绪控制力、认识评价自己、心理承受能力、人际交往能力、环境适应能力等积极心理品质和各种潜能的发展，最终指向为学生的生存与发展提供积极的心理保障，引导学生学会对己（自我意识）、对人（社会交往）、对事（学习和生活适应）、对自然（社会环境）的积极应对态度、技巧和能力，培养学生乐观、向上的心理品质，促使学生人格健全发展，从而实现学生学习和生活效能的目标。

二、设计课程内容

（一）确定设计理念

针对随班就读学生心理问题或现象阐述选题意图，寻找心理健康教育、融合教育的政策依据和理论依据，结合随班就读学生的认知水平、情感特征和人际交往特点确定设计理念。资源教室心理支持类课程设计理念要符合融合教育理念，旨在满足随班就读学生的学习需求、尊重个性特点多元化，并在此基础上满足其特殊的教育模式需要和教学方式需要，如合作计划与教学、个别教育计划、差异性教学、有效教学法等。

（二）做好学情分析

围绕自我和谐、人际和谐、社会和谐三个维度，结合学生突出异常表现，资源教室心理支持类课程标靶随班就读学生具体心理问题，据此选择具有针对性的心理评估工具，进行个案评估，分析评估结果，确定异常表现背后的心理症结和缘由。值得注意的是，如果设计的是融合型心理课程，还要分析普通学生的心理情况和对随班就读学生的态度、情谊等。

（三）制定教学目标

资源教室心理支持类课程目标可以结合中小学心理健康标准和资源教室心理支持类课程总目标、各层次目标、各障碍类型的身心特征及可能存有的共性心理问题、学生个体评估结论以及学生个别化教育计划，制定具体教学目标。

（四）选择教学方法

教学方法可以是情境体验、角色扮演、艺术表达、游戏活动、绘本教学、团体活动、实践活动、故事熏陶、沙盘活动，课程实施可以融合美术、音乐、舞蹈、体育、语文等学科。心理支持类课程可以选择干预策略，如针对社会退缩行为、不良行为，设计沙盘治疗、团体游戏治疗、艺术疗法（音乐、绘画、戏剧）、绘本、行为干预教学策略；针对学生感觉孤立无援，可以制订团体活动方案、亲子沟通活动方案、社团活动方案，培养学生的团队合作能力和集体荣誉感，帮助学生更好地融入环境。

（五）选择教学材料

教学材料可以根据课程类型和内容准备视频资料、电影片段、艺体材料、活动道具等。

（六）设计教学内容

资源教室心理支持类课程从内容上可分为以下三类。

1. 认知式的心理课程

它以日常生活教育和心理辅导课为主，帮助随班就读学生增强自我心理认同能力。例如，通过"我喜欢自己""我的自画像""我不是完美小孩""我的重要角色"等课堂教学环节的设计，让随班就读学生了解别人眼中的自己，通过对共同性与差异性的思考，全面地认识自我，加深自我认同和自我接纳。

2. 情境式的心理课程

它以主题活动教育为主，持续跟进随班就读学生融入学校环境的适应状况。随班就读学生进入普通班级，心理融合的主要目标是消除彼此尴尬，营造相互信任和接纳的氛围，确立适应环境的规则。通过融合教育视频欣赏、轻松的集体游戏与相互角色扮演、剧本角色扮演等心理健康教学活动方式，培养随班就读学生班级信任感，建立同伴关系，理解彼此的个性行为差异和相互熟悉程度，学会有选择性地接纳不同的观点和习惯。

3. 行为训练式的心理课程

团体心理辅导的介入能够对随班就读学生的心理融合过程进行积极干预，促进他们行为的良好适应。随班就读学生的心理融合需要经历一个自我认知转变过程。通过你我初遇—我眼中的你—多元互动—你眼中的我—自我反思的团体辅导模式，可使随班就读学生逐步进入更深层次的自我认知探索，进一步加强他们的社会适应教育和社会交往技能训练，最终实现心理融合。

资源教室心理支持类课程具体内容主要从自我适应、人际适应、社会适应三个维度横向设计，考虑学生身心发展规律及不同学期的适应任务和适应程度。

在自我适应方面，教师要根据课程需要，结合普通学生和残疾学生的多样化心理需求，设计适宜、有效的教学内容，培养随班就读学生积极的心理品质，增强他们的心理适应力，帮助他们正确认识并接纳自我，以更加积极乐观的状态面对随班就读的学习形式。

在人际适应方面，教师可以设计心理戏剧或与语文学科相结合的心理课，由学生自主分配角色、制作道具、排练、小剧场演出。整个过程运用合作的四个技巧：善用特点巧合作，友善信任促合作，分工有序齐合作，遇事不埋怨、善倾听、心平气和想办法。此课程设计让学生在自主组织、切身体验中学习正向积极地评价自己和他人在活动中的表现，懂得沟通，控制情绪，提高自信，增进友谊，遇事不慌，主动解决。

在社会适应方面，教师应引导普通学生对随班就读学生的正确认识及态度，设计开发以正确认识接纳残疾学生为主题的融合式团体心理辅导课程，通过情境模拟、角色扮演、活动体验、主题辩论等多种形式的教育活动，增强普通学生对随班就读学生的同伴支持并营造包容接纳的集体氛围，从而形成有利于普通学生和随班就读学生共同学习、共同进步的校园文化与学习氛围。

在设计教学内容时，教师要注意激发学生的自主性，促进学生切身体验、真实生成、积极表达，关注学生在体验和生成过程中积极经验和矫正性经验的获得。心理课程的设计、实施和评价要始终把引导学生真实体验、激发学生主动参与、促进课堂多方对话、强化学生积极经验放在中心地位，以确保学生心理健康教育学习的真实发生。另外，资源教室心理支持类课程具有较强的实践性，课程内容设计要从随班就读学生自身发展和成长的需求出发，关注学生真实的学习生活情境，不脱离学生实际，强调应用心理学的知识和技能解决现实问题，以便达到良好效果；要通过角色扮演、案例分析、小组讨论等活动，分享解决方案和练习行动策略，培养学生的操作能力和实践能力，鼓励学生将所学应用和迁移到实际生活中去，切实维护学生心理健康，开发学生心理潜能，提升学生心理健康素养。

第五节　资源教室心理支持类课程实施与评价

一、课程规划与实施

（一）课程结构设置

资源教室心理支持类课程从形式上与普通中小学心理健康课一样可分为融合型（团体型）和独立型（隔离型）两类。

融合型的心理健康集体课，在集体课中进行调整、分层，增加课程的针对性和有效性，如与所有学生相关的集体心理融合课、同理心课程、学生团体活动，与德育课程相结合的班队课、少先队活动课、社会实践课，与艺体课程相结合的奥尔夫音乐课、舞蹈课、美术课、体育课、感觉统合课。

独立型的资源教室心理健康课，在资源教室对个案进行评估、个别化干预，如个辅课、团辅课、活动课、游戏课、主题课。其具体表现为特色戏剧课、心理情景剧、心理活动课、心理拓展训练等，沙盘游戏活动、亲子沟通活动等。比如个别心理咨询或心理辅导，一般采用一对一的形式，偶尔也可以是一个教师对几个学生，教师与学生在相对独立、安静、舒适的环境中进行情感交流，辅导学生社会交往技巧，引导学生自我管理和培养元认知能力等；个别情绪疏导，一般采用一对一的形式，如果发生危急事件，可以是几个教师对一个学生，教师让学生在一个独立的空间里，通过指导平复学生情绪，也可采用某种发泄用具让学生发泄情绪，直到学生情绪恢复平静；团体心理游戏，一般采用一对多的形式，教师指导学生通过团体游戏的方式，放松学生心情，指导学生与他人合作、交流，使学生形成正确的认知观念，逐渐掌握调节情绪、与人沟通、合作交流的方式。

谢娟认为，"资源教室心理支持类课程还可以打破学科壁垒，研究跨学科、跨环境实施路径，建立多元化课程系统"。除了专门的心理课程，课程实施形式上还可以结合"心理+学科""心理+活动""心理+社团沙龙"等融合模式，加强与其他学科教师的沟通交流，尊重不同学科的内在体系和学科知识的内在关联，挖掘各学科丰富的心育资源，实现学科之间的融合与形式的多样化。

　　针对随班就读学生的心理、情绪与行为方面的共性问题，资源教室心理支持类课程从内容上分为两大类。一类为情绪行为矫正与塑造课程，解决学生明显的、基础的行为与情绪等外化问题。例如，针对随班就读学生的情绪行为矫正课程，以应用行为分析（ABA）为教学取向，对行为问题解决顺序优先排序，选择最急需解决的情绪行为问题，逐步对个体进行情绪行为的阶段训练，最终使学生能自主管控情绪，减少行为问题，实现人际良好互动。另一类为心理认知支持课程，解决学生隐性的、高阶的心理需求等内化问题（社交、行为、情绪问题）。例如，针对听力障碍、视力障碍、肢体障碍等智力发展正常的学生，因其能意识到自己与同学的差异，因而课程需要在自信心、价值观、心理认知等方面给予其特别支持。

（二）课程安排实施

1. 课时安排

　　上课频次是2~3节课/周，1次30~45分钟，上课地点是资源教室或心理咨询室、班级教室。

2. 实施人员安排

　　资源教师、心理教师、班主任、资源中心巡回教师、家长、助学伙伴。

3. 课程内容

　　常见特需学生资源教室心理支持类课程安排明细见表6-5-1。

表6-5-1

课程维度	二级维度	课程内容		
自我和谐	认识自我 自尊自爱	《我喜欢自己》 《我不是完美小孩》 《爱德华——世界上最恐怖的男孩》 《我不是笨小孩》	《不一样没关系》 《不一样也没关系》 《我和我的阿斯伯格超能力》	《啄木鸟女孩》 《小猪变形记》 《我听见万物的歌唱》 《我的人工耳蜗》
	自我接纳	《威廉的洋娃娃》	《西红柿女孩》	《佩泽提诺》
	自我效能 合理归因	《我好担心》	《迟到大王》	—

课程维度	二级维度	课程内容		
自我和谐	自我肯定 自我价值 自我认同	《大脚丫跳芭蕾》 《啄木鸟女孩》	《像海鸥一样洁白》 《劳拉的秘密》	《你今天真好看》
	自我和解 自我疗愈 情绪调节 情绪疏导	《菲菲生气了》 《妈妈，我真的很 生气》 《我的情绪小怪兽》 《小猪威比》 《我变成一只喷火 龙了》 《生气汤》	《独角兽史巴克》 《最可怕的一天》 《小凯的家不一样了》 《糟糕，身上长条 纹了》 《恐惧和冷静》 《我的红气球》 《眼泪海》	《在荒漠中遇见一本 图画书》 《谁的身上有点点》 《不怕被嘲笑》 《杰克的小熊和小熊 的杰克》
	自我保护 生命教育	预防感冒： 《感冒需要什么》 《阿嚏——感冒了》 《着凉》 《你好，安东医生》 《我感冒了》 《听说有鱼感冒啦》 《病毒小子威利》 《鼻呼吸妖怪和口呼 吸妖怪》 《春天的小兔子感冒了》 生命教育： 《獾的礼物》 《苏菲的杰作》 《彩虹色的花》 《花婆婆》 《一片叶子落下来》 《活了100万次的猫》 《楼上的外婆和楼下 的外婆》	生命教育： 《外婆住在香水村》 《再见了，艾玛奶 奶》 《爷爷的肉丸子汤》 爱护身体： 《小熊不刷牙》 《眼睛的故事》 《眼镜公主》 《为什么不能看电视 太久》 《蒙眼睛》 《黑夜里的大眼睛》 《雷克斯的眼镜》 《睁大你的眼睛》 《戴眼镜的露娜》 《眼镜兔子》 《眼睛的本领》 《我会保护眼睛》 《戴眼镜的龙爸爸》	身体保护： 《呀！屁股》 《请不要随便欺负 我》 《不要随便碰我》 《我宝贵的身体》 《你不能受伤》 《我的安全养成书》 《安全第一》 情感保护： 《汤姆恋爱了》 《小兔子走丢了》 《小蝌蚪找妈妈》 《小小迷路了》
	调整心态 自强自立 耐心坚持	《1个苹果也是100个 苹果》 《爷爷一定有办法》 《小房子变大房子》	《天空在脚下》 《大脚丫跳芭蕾》 《小兔当家》	《好运先生倒霉 先生》 《玛德琳和图书馆里 的狗》

续表

课程维度	二级维度	课程内容		
人际和谐	认识不同接纳包容	《故障鸟》 《不可思议的朋友》 《与众不同的朋友》 《我在这儿》 《改变世界的六个点》 《除了听，他们没有 什么做不到》 《旋风小鼹鼠》	《弟弟的世界》 《海伦的大世界》 《青蛙小王子》 《不一样的1》 《弗洛洛和陌生人》 《你是我最好的朋友》 《躲猫猫大王》 《好好爱阿迪》	《舞鹤》 《小弗里达》 《搬过来搬过去》 《鳄鱼爱上长颈鹿》 《天生一对》 《狮子和老鼠》 《每个人都与众 不同》
	同伴关系应对人际	《史巴克的新朋友》 《史巴克的第一个圣 诞节》 《失落的一角》 《我们班的新同学班 杰明·马利》 《欧德莉和新同学》 《害羞的新同学》 《在教室说错了也没 关系》 《老师，我为什么要 上学》	《新同学阿尔法》 《不是我的错》 《淡蓝色的围巾》 《威利和朋友》 《小蓝和小黄》 《好朋友》 《烟花》 《南瓜汤》	《不是我！是他 捣乱！》 《我的兔子朋友》 《兔子先生的麻烦》 《敌人派》 《彩色的花》 《麦克斯学会 说"停"》 《受气包和淘气鬼》
	合作分工相互包容	《南瓜汤》 《好朋友》	《小黑鱼》 《没了就没了》	—
	师生关系	《尼尔森老师不见了》 《尼尔森老师回来了》 《尼尔森老师大显 身手》 《我的老师是怪兽》 《点》	《谢谢您，福柯 老师》 《我喜欢老师》 《老师的家庭访问》 《菲菲真的不行吗》 《我的名字克里桑斯 美美菊花》	《星星班的蚂蚁 老师》 《我永远也得不到贝森 老师黑板上的一颗星》 《亲爱的老师收》 《不一样的上学日》 《只有一个学生的学校》
	家人关系	《先左脚，再右脚》 《爱心树》 《爸爸，请为我摘月亮》 《野兽国》 《毛毛，回家喽！》 《团圆》 《世界上最好的爸爸》	《有一天》 《我永远爱你》 《妈妈，你好吗》 《妈妈的礼物》 《我讨厌妈妈》 《逃家小兔》 《朱家故事》	《大嗓门妈妈》 《换妈妈》 《妈妈的红沙发》 《猜猜我有多爱你》 《抱抱》

续表

课程维度	二级维度	课程内容		
社会和谐	职业平等	《太棒了，我们的职业》	《花婆婆》	《最重要的事》
	自然世界	《夏天的天空》	《来闻闻大自然的味道》	—
	自然世界	《月光下看猫头鹰》《大自然的一年》《再见小树林》《森林大熊》	《小种子》《走进生命花园》《一片叶子落下来》《从小爱环保》	《怕浪费婆婆》《一碗生日面》《约瑟夫有件旧外套》《勤俭节约，从小做起》
	社会国家	《纪念碑下的小花》	—	—

二、课程评价反馈

资源教室心理支持类课程评价的目的在于保证课程开发的合理性、科学性和有效性。通过评价，积极引导融合学校关注过程、着眼发展、尊重差异、多元评价，充分发挥评价在改进特殊教育教学、促进随班就读学生心理健康发展的积极作用，为随班就读学生学习学科、康复知识和技能奠定坚实的基础。

（一）评价主体

资源教室心理支持类课程凸显自我评价，兼顾他人评价。除了以随班就读学生自我评价为主外，教师、同学等也都是评价者，参与对学生心理课程的学业评价，关注课程评价对象的差异性和评价内容的多元性。课程还可以根据需求由小组成员、辅导员、其他科任教师、家长来评价学生在家庭和社区中的具体心理健康状况，进行情境性、生态性的评价，再交由教师整合。

（二）评价内容

根据自我和谐、人际和谐、社会和谐的课程目标和内容，评价维度也围绕这三个目标。自我和谐是随班就读学生适应环境、心理健康的基石，因此需要重点聚焦；人际和谐是自我和谐到社会和谐的重要桥梁，需要特别提升。

1. 对角色的评价

对教师的评价：着眼于教师的评价首先要看教师对资源教室心理支持类课程是否有正确的目的观和价值观，是否能够参与并做到适度积极参与、情感投入；其次要看教师对整个课程活动的设计、监控和评价是否到位，所设计的课程是否能够从随班就读学生实际出发，关注到每一个学生的心理健康成长；最后要看教师对学生的态度是否真诚，在与学生交往的过程中，是否愿意尊重学生、接纳学生，是否愿意与学生平等沟通和交流，倾听学生的意见和心声。

对学生的评价：具体而言，课程对学生的评价又可以分为对随班就读学生个体评价和对学生集体评价。对随班就读学生个体评价包括：在课堂上，学生能否充分地参与并获得教师和同伴的关注与尊重，是否有积极的情感体验，是否形成了正确的自我意识和良好的品德，是否培养了学生的人际交往能力、耐挫折能力、学习与生存能力，是否形成了积极的情感和正确的世界观、人生观、价值观，是否对学生心理问题起到了一定的预防与矫治作用。对学生集体评价包括：是否提高了学生集体的同理心、责任感、凝聚力、向心力，是否形成了融合、接纳的班风。

2. 对实施过程的评价

资源教室心理支持类课程实施，需要给师生提供课程实施中的反馈信息，以便改进教学过程，较少关注知识技能的构建，更多注重的是运用心理学的知识帮助学生建立正确的认知和使用的技能。

（1）活动设计

活动设计要符合以下要求：教学内容是否规范，是否紧扣课程、专题的主题，是否具有针对性、多样性、可操作性；是否符合学生的年龄和心理特征，是否能够激发随班就读学生兴趣、满足学生需要，是否能够为不同特点的学生提供心理发展的空间。

（2）教学行为

教师在教学活动中角色定位是否准确；教师语言和教态是否自然、亲切、正面；教师对学生活动的引导是否积极有效；教师是否注意全体学生、关注具有特殊问题的个别学生；教学方法是否灵活多样，有针对性、创新性，能否吸引学生主动参与教学过程，相互分享合作探究，并形成浓厚学习兴趣和良好学习态度；能否对符合课程理念、有效的教学行为加以鼓励，对存在的偏差及时加以纠正。

（3）学生行为

学生是否有所收获和积极体验；学生在课堂是否积极参与活动，是否主动与小组成员合作，是否主动地接纳他人和被他人接纳，是否主动改变自己不良心理状态；小组成员之间是否默契合作，是否围绕课程主题积极开展活动；学生的自我心理认知是否有所提高，是否达到了心理成长的目的；学生在课堂中的表现是否受到教师和同伴的尊重和鼓励等。

（4）课堂气氛

课堂气氛是否融洽、和谐；师生之间的沟通和交流是否顺畅，互动是否高效；能否营造出平等互助、宽松活跃、和谐融洽的课堂氛围，每位成员（包括教师）是否积极参与、充分投入。

3. 对实施效果的评价

开设资源教室心理支持类课程的目的是在教师的引导下，让学生在活动中感受、体验、思考、感悟而获得心理成长，形成健全的人格和良好心理品质。心理课程实施后的评价至关重要，关系到是否达成开设心理课程的目的，聚焦自我和谐，提升人际和谐，达成社会和谐。心理健康教育是一种张扬个性、促进发展的教育，故对此课程实施效果的评价，应以学生的心理是否得到成长、个性是否得到改善、自我认知是否恰当、心理是否健康作为其价值判断的标准。对课程实施效果的评价既要关注学生行为是否符合团体与社会的要求，又要注意学生个人合理需要的满足，即看其是否让学生获得了相应的基础知识和有关信息，改变了学生思考问题的方式，了解自己某方面心理素质发展的现状；是否使学生有情感投入，获得了有益的情感体验；是否使学生掌握了有用的生活技能；是否使学生有决心完成某种有意义行为的行动意向。

（三）评价方法

结合各类残障学生身心特点及发展需要，对学生的评价采用过程评价与结果评价相结合、定量评价与定性评价相结合的多形式评价方式。

1. 心理测量评价法

心理测量评价法是指运用科学的心理测量量表，在课程开展之前和之后分别对学生的心理发展状况进行测量，并将测量结果进行对比，观察学生在资源教室心理支持类课程开展之后学生的心理发展水平是否产生了积极的、显著的变化，进而凭借前后数据变化，就课程对学生心理素质发展的影响做出评定。心理测量评价法在实践中主要应用于对课程实施效果的测量。这类方法依托专业的心理测验量表，通过测量学生的外显行为来揭示其内在的心理特征，具有较高的定量化程度，其结果较之以往使用的观察法、访谈法，更加准确、客观、详细。

2. 档案袋评价法

档案袋评价法是指将一些与学生相关的、能充分反映学生心理和行为变化过程的作品或材料，如日记、作业、试卷、绘画作品等，将其收集起来后作为档案袋内容，运用一定方法对所收集资料进行研究分析，并据此对学生的情感体验、个性风格、价值观念、心理发展历程等方面进行客观评价。该方法属于典型质性评价方法。它通过描述和记录的方式，能够真实、深入地再现学生的心理变化特征。但资料收集的过程需要耗费一定的时间，且所收集到的资料往往缺乏一致性，标准化程度较低，因此运用档案评价法得出的结果往往更适合作为参考。

3. 情境式评价法

情境式评价法是指通过创设与学生学习生活相关的真实活动场景，在自然状态下观察并记录学生各项表现，进而对其心理变化情况进行评价。在这种评价方法之下，学生的表现是自然的、真实的，其结果也更加客观可信。运用情境式评价方法需要注意：所创设的情境必须是真实的或者与学生参与学习的实际情境相似，这种情境在一定程度上能够鼓励或唤起学生表现出的行为。情境式评价法不仅需要教师的努力，同时还需要学校、家长和学生的共同参与。

三、课程资源与支持体系构建

政府成立资源教室的工作管理网络，由特殊教育资源中心、资源教室的教研、科研人员，特教学校、普通学校有经验的教师等专业人员组成专家指导小组，负责随班就读的行政管理工作和课堂教学、科研的业务指导，构建资源教室心理支持类课程支持体系，开发适应随班就读学生、家庭、学校、社区、社会为目的课程资源，制定与实施随班就读学生的个别化教学训练，编制融合多种资源为主题单元的随班就读学生心理融合教材。

学校构建融合接纳的校园、班级环境氛围，如设计无障碍设施，鼓励和谐包容的校风；学校与高校特殊教育专家合作，提供专业指导和培训，培养专业心理咨询师，构建专业支持。学校设置科学的转介机制，确保随班就读学生心理问题早发现、早干预。课程实施可集结资源教师、心理教师、区特教资源中心、巡回教师、班主任、学科教师、家长、融合伙伴研讨，通过集体研讨、借用或设计特定教学具，提高课程实施效率，尤其要高度重视家庭教育作用，发挥好父母职能，尊重班级学科教学主阵地，少抽离、多外加。除了专门的资源教室心理支持类课程之外，还可以实施途径多样化，以音乐、绘画、绘本、戏剧、社交故事、真实情境（如社会实践）等作为实施载体，充分利用其他学科的教学资源，结合多学科配合实施，给予随班就读学生全面的心理健康教育。

另外，学校应充分发挥资源教师对学生严重情绪、行为或学习障碍的直接支持作用；可以将学校心理学专业人员纳入学校资源教师专业队伍，接收来自心理健康教育教师转介的个别学习、情绪及行为问题较为严重的普通学生，对其开展心理健康管理工作，形成常态化心理辅导与咨询服务；对高危预警学生给予及时有效的干预帮扶，帮助学生解决学习、情绪及行为问题，强化防控预警。同时，学校心理学专业人员还需要评估、了解残疾学生心理健康状况及个性化需求，开展个别化教育或具有针对性的心理辅导，提升残疾学生及问题学生的学习及适应能力。最后，特殊儿童心理与教育专业人员应发挥对随班就读残疾学生的支持功能，需要为残疾学生随班就读工作提供相应的支持保障及专业指导，为残疾学生提供文化课程以外的生活自理能力训练、康复干预训练及社交技能干预等专业支持服务，帮助残疾学生更好地适应学校生活，达到心理健康。

四、教学案例

（一）小组课案例：《你愿意和我做朋友吗？》

你愿意和我做朋友吗？

成都市双流区实验小学（东区）资源教室　黄晨宇

1. 学情分析

本次小组课共有6个活泼可爱的二年不同班级的孩子，其中有5个孩子是普通孩子，他们活泼开朗，有一定社会交往经验和语言表达能力。另一个孩子是来自二年的听力障碍小朋友，她右耳佩戴电子耳蜗，左耳佩戴助听器，学前主要是在康复机构进行听力语言训练，在日常学习生活中基本能听懂简单日常对话，能用5~6个字的句子表达自己简单的意愿与需求，语言清晰度70%左右。由于其听力语言障碍导致她在与别人交往时存在一定的困难，如听不懂不熟悉的话语、说话声音比较小、到陌生环境或是遇见陌生的人就特别胆小、与同学交往时很被动等。

2. 教材分析

这节社会交往小组课我是从绘本开始的，《你愿意做我的朋友吗？》是一本关于社会交往能力培养的绘本，该绘本画面简洁明了，讲述了一只小绿鼠因为身体颜色不同而被小伙伴排斥，踏上了找朋友的旅程，一路上以"同为绿色"为自己的交友标准，遇到了很多绿色的小动物，却没能交到朋友，小绿鼠没有放弃，最后和大象成了朋友。故事从侧面告诉大家要学会接纳自己的不同，大胆地与他人交往，也告诉孩子们交朋友并没有什么固定的标准。

3. 教学目标

（1）培养观察力及理解力

培养学生观察及理解能力，并提供听力障碍学生练习表达的机会。

（2）培养学生阅读习惯

培养学生良好的阅读习惯，借由绘本扩展听力障碍生活经验及进阶语汇，引导学生观察故事中的角色如何与人互动及表达情绪。

（3）提供环境及身教示范

提供良好的互动环境及正确的身教示范，练习学生与他人建立正确的沟通与社交技巧。

4. 教学过程

（1）绘本欣赏

组织学生欣赏绘本《你愿意做我的朋友吗？》。

（2）角色带入

用大小两只绿手套代表绘本中的两位主角，帮助学生代入角色，接受采访，分享感受。

（3）交友转转乐

为了切合人际交往的主题，我将常见的击鼓传花游戏的名称改为"交友转转乐"，活动规则：当音乐停止，谁的手上拿到玩偶，就要大声地说出自己的好朋友名字，被"cue"到的好朋友要站起来大方挥手回应。（6个刚认识的孩子，虽然刚开始玩的时候有点拘谨，甚至有的略显害羞，但是两轮下来，我发现好多被cue到的好朋友，其实心里暗戳戳地高兴极了。）

（4）齐心连笔

游戏所需道具很简单，马克笔、签字笔都行，适用各年级的学生，没有场地和对象的限制。我的设计是从基础版两人一组到进阶版三人一组，但学生自动提升难度，连出了6人一组，看学生的表情就知道游戏的效果不错，既有挑战性，又有趣味，增加了同伴间的互动。

（5）欢歌笑语

选取经典曲目《找呀找呀找朋友》作为结束，师生一起跟着屏幕载歌载舞，在欢笑中放松身心，升华社会交往主题。

5. 教学反思

这节课我充分利用资源教室里的道具，如桌上的彩笔、与绘本同色系的手套等，调动气氛，让学生的交友之旅乐趣满满。起初看到绘本，小绿鼠背起红色的小包裹，勇敢地踏上寻友之路这幅画面给我留下了很深刻的印象，小绿鼠勇敢自信的模样很容易让我联想到我们随班就读的学生，在学生成长的道路上，也会有那些难过、焦虑和莫名的小忧伤，但学生也总能像小绿鼠那样，信心十足地背起小包裹继续上路，跌倒了，爬起来，继续前行，为成长一次又一次重新出发！这是学生面对人生的态度，也是学生自我成长的力量，而那个小包裹上那抹鲜艳的红就像一种希望、一盏明灯，永远昂扬在他们的头顶上，照亮他们前行的道路。

（二）团辅课案例（悦纳自我及他人）：《我们不一样？我们都一样！》

我们不一样？我们都一样！

成都市新都区特殊教育资源中心　骆晓娟

1. 设计理念

（1）选题意图

小学中段的学生兼具主体性和可塑性，他们对自身和他人的共同点和区别点有初步的认识，也有对同质、异质群体持有认同、反对、接纳、辩驳等自然的态度。有的年级或班级里有随班就读特殊儿童，但存在普通儿童对特殊儿童缺乏客观的认知和了解等现象，普通儿童亟须一些对自己以及异质群体的包容和接纳，需要学习如何有意识地主动关心、帮助处于困境中的他人。

（2）政策依据

国务院办公厅关于转发教育部等部门《"十四五"特殊教育发展提升行动计划》提出，推进融合教育，推动普通教育与特殊教育进一步深度融合，研制义务教育阶段融合教育教学指南，开展融合教育示范区、示范校创建，促进普特融合高质量发展。

（3）理论依据

融合教育内核是尊重生命的差异性、个体发展的多元化、平等共生的人权观。课堂是宣导融合教育、全纳理念的主阵地，在课堂上铺垫好融合观念，可有效树立儿童融合理念，避免普通儿童被社会上存在的对特殊儿童"污名化"现象灌输错误观念，为特殊儿童营造尊重差异、多元融合的良好校园融合氛围。

（4）设计理念

考虑到他们的认知水平、情感特征和人际交往特点，结合融合教育的活动主题和认知、接纳的活动目标，针对四年级小学生设计契合他们特点的融合教育主题心理健康活动。活动前用小活动热身拉近师生距离，活动中先引用经典影视片段激趣，引发观点，活动后联系学生生活经验代入思考，再角色扮演、情境体验，激发换位思考，再对话交流引导分析思考，最后总结主旨指向接纳，充分引导学生思考普通学生和特殊学生的"不一样"与"一样"，引发学生思想碰撞，给学生带来一次不一样的融合体验。

2. 学情分析

班上普遍存在普通儿童对特殊儿童缺乏客观的认知和接纳的理念等现象，不过普通儿童对一些广为人知的残障群体代表有一定的认知度。小学中段儿童看待事物具有一定片面性，但又具有一定的主体性及同理心以及较强的可塑性，是融合教育的重要对象，可借助心理健康活动为其呈现融合理念，让其接纳特殊同伴的同时，也认识世界的多元性，感知生命的差异性，为其养成漫长人生中必不可少的包容度、接纳度做铺垫。

3. 教学目标

（1）知识与技能

认识特殊儿童，掌握常见特殊儿童类型，如听视力障碍、孤独症、学习障碍的特点和障碍表现，以及他们与大家的相同之处。

（2）过程与方法

通过观看视频、表达感受、联系生活、游戏实操等引导学生感受特殊儿童的处境，推己及人，换位思考，感受每个人的不同的特征和相同的情感。

（3）情感、态度与价值观

接纳特殊儿童，感悟每个人都与别人有不同和相同的地方，我们都是特别的，我们也都是一样的，激发学生同理心，面对他们需要正确看待、自然接纳。

4. 教学重点

认识特殊儿童，掌握常见特殊儿童类型，如听视力障碍、孤独症、学习障碍的特点和障碍表现，以及他们与大家的相同之处。

5. 教学难点

普通儿童能够与特殊群体换位思考，感受障碍，推人及己，对特殊群体有认知、接纳、支持、融合的态度与理念。

6. 授课年级及课时

小学段四年级1班（普校），第1课时（共1课时）。

7. 教学方法

情境教学法、角色体验法。

8. 教学准备

《海伦·凯勒》《泰国孤独症公益短片》《雨人》《地球上的星星》《万物理论》《叫我第一名》电影片段。

9. 教学环节

课前互动：自我介绍，稀有姓氏突出"不一样"。教师做自我介绍，调查班级有一样姓氏的学生，突出姓氏的稀有和特别，抓住学生"希望自己特别"的心理，拉近关系。

（1）视频引入，感受"不一样"

播放电影《海伦·凯勒》《泰国孤独症公益短片》《雨人》《地球上的星星》片段。

提问：请大家观察，在片段中他们与我们有什么不一样？（说出障碍类型或用几个简单的词语或句子概括）

总结：大家说得很对，海伦·凯勒身上兼具几种残疾人的特性：她既看不见，也听不见，还没办法说话，属于视力障碍、听力障碍、语言障碍集合体，这几种障碍是大家生活中常见的；小超是感觉敏感、行为刻板，不会与人相处，这些是典型孤独症的表现；而小伊桑则是不会认字和拼读，这属于学习障碍。

提问：大家有什么感受？（用几个简单的词语或句子概括）

面对这样与我们特别不同且有很多障碍的人，有的人同情怜悯，有的人想要给予帮助，有的人敬佩，还有的人害怕。这些都是很正常的反应，因为人们当面对特别异样的人事物，第一反应可能都是排斥。

（2）联系自身，体会"一样"

他们身上有很多与常人不一样的地方，那你们有吗？

调查：有没有害怕打雷的同学（同孤独症害怕"噪声"）？有没有近视需要戴眼镜的同学（同聋人、盲人需要一点特别的辅助，如视觉辅助、盲道）？大家家里有没有腿脚不便需要挂拐杖的老人，或者上了年纪耳朵听力下降的老人？有没有同学有摔伤的经历，在一段时间内，学习和生活都只能吊着手或者挂拐杖（同肢体残疾的人需要一点器具）？举例，教师自身经历，老师家住超高层但是碰到电梯故障或停电，这是老师不具备上楼的能力，是老师的障碍吗？还是环境没有给我提供回家的渠道呢？

总结：每个人在生活中都或多或少碰到过，或以后难免会碰到一些障碍和困难，障碍是每个人一生中必经的过程，就像配眼镜、挂拐杖。在这些时候，我们跟他们是一样的，只是需要一点特别的辅助和帮助而已，只不过他们的障碍持续时间更长。我们有时候会有同他们一样的障碍，反过来他们也与我们有一样的感情，他们也希望像我们一样看到、听到、摸到身边的事物，正常地感受这个世界，他们也会开心、烦恼、沮丧、紧张、悲伤。

（3）游戏扮演，体验障碍

那么，我们继续来认识他们，请大家来做一个游戏"你比我猜"，两人上台表演，一生用口型或手势表达"我饿了，想吃饭"，另一生来猜测意思，其余学生观察他们的反应，体验一个聋哑人想要表达时的处境。

调查：表演和观演学生的感受：着急、烦躁、失去耐心。

总结：大家刚刚这几分钟所感受到的就是聋哑人的日常，他们经常需要面对这样哭笑不得的场景，他们看我们的时候，就像我们看卓别林幽默剧，只看得到表情和动作，却听不见语言。

（4）解决问题，包容接纳

那么，我们面对这样的聋哑人或有其他障碍的人应该怎么办呢？

调查：有会手语的同学吗？其实大家都会手语，我们平时使用的肢体语言，就像"拜拜""安静""停下""不要"等，其实都是手语的范畴。只要有一颗真挚交流的心，结合具体的情境，我们是可以交流无阻的。

对听力障碍人士是如此，对其他类型的障碍也是如此。我们只需要接纳接受他们，用跟普通人交流的方法跟他们交流，无须特别对待。

（5）总结主旨，不一样的色彩，一样的绽放

每个人都有与众不同的地方，有的人跟别人姓氏不一样，有的人需要戴眼镜，有的人需要拄拐杖，有的人需要配戴助听器，正因为大家都有跟别人不一样的地方，所以在这一点上我们是一样的，有着各种各样的障碍和困难。如果你身边也有很特别的人，不用投去异样的眼光，请接纳他、支持他，就像我们在需要帮助的时候，别人接纳和支持我们一样。接纳、帮助他人，也是接纳和帮助自己。

10. 课后反思

本节活动课效果良好，学生比想象中主动积极，反馈良好，基本达到了活动认识特殊儿童、接纳每个人的不同的目标。其实接纳别人也是接纳自己。本节课可与"认识自己、悦纳自己""换位思考、推己及人"等系列心理活动课相互结合，可发挥系统作用。

11. 附件材料

（1）教学材料

①《海伦·凯勒》电影片段。

②《泰国孤独症公益短片》。

③《雨人》电影片段。

④《地球上的星星》电影片段。

⑤《万物理论》电影片段。

⑥《叫我第一名》电影片段。

（2）学生学案

① 看了以上（教学材料）电影片段，你有什么感受？请用3~5个关键词概括。

② 你认为自己身上有什么跟别人不一样的地方吗？期待你的分享！

③ 你认为你和身边的人至少要经历哪几种"残障"的状态？请列举出来。

④ 如果今后有机会遇到，你准备如何对待这些残障人士？请你简单谈一谈。

12. 人际交往以及情绪行为控制等课题的心理辅导课设计框架

（1）目标

能够在一定程度上帮助学生学习一些交往技巧，学会怎样控制自己的情绪，从而进一步促进学生的人际交往，减少学生的行为问题。

（2）地点

资源教室中设立心灵驿站，作为进行交流和社会技能、情绪行为矫治的区域。

（3）内容

① 交流情感：与学生进行谈心、交流，沟通情感，关心学生的生活，倾听学生的烦恼，让学生感受到关爱。

② 强化与反省元认知能力：引导学生了解自身情绪的变化，认识自己的情绪发展，指导学生进行情绪控制和行为控制，为学生的情绪宣泄提供空间，并辅助正确的方法。

③ 自我管理：指导学生对学习态度、学习习惯、学习资源进行了解，并学习如何进行管理，引导学生对自己的认知、心理、情绪、行为进行管理。

④ 社会交往：与学生进行不同社会角色的交流，指导、辅助学生学习与人交流和交往的方式，学习社会不同角色的基本形象和适当礼仪，为学生在学校内进行社会形式的交往提供环境和支持。

第七章

资源教室课程评价实践

资源教室课程评价是资源教室课程建设流程中重要的一环，通过对资源教室课程进行评价可检视资源教室课程开发与实施的科学性、可行性，引导融合学校积极推进教学评价改革，尊重差异、着眼发展、关注过程，为促进特需学生发展发挥积极作用，为融合教育优质发展奠定坚实的基础。在对资源教室课程进行评价时，我们首先需要厘清评价的主体、评价的目标、评价的内容、评价的方法等。

第一节　资源教室课程评价

2020年10月，中共中央、国务院印发《深化新时代教育评价改革总体方案》，2022年《国务院办公厅关于转发教育部等部门"十四五"特殊教育发展提升行动计划的通知》发布，2022年11月教育部印发《特殊教育办学质量评价指南》，这一系列文件均强调扭转不科学的教育评价导向，提高教育治理能力和水平，加快推进教育现代化、建设教育强国、办好人民满意的教育。特殊教育是基础教育的重要组成部分，推进特殊教育高质量发展刻不容缓。随着大量特殊儿童进入普通学校就读，普通中小学学生类型变得更加多元化，学生个体间的差异越发凸显。传统的、标准化的评估方式不再适合融合教育背景下的课堂，能力模式的评估方式要替代结果模式的评估方式。然而，国内对融合教育课程评价的研究相对较少，当前中小学的课程评价并不利于融合教育的实施，存在"统一性、共同性要求有余，个体性、差异性关注不足""课程评价机制多强调淘汰与筛选，只有少数学生能够通过和获益"等问题。

课程评价是指以一定的方法、途径对课程的计划、活动以及结果等有关问题的价值或特点做出判断的过程。特殊教育评价是教育评价的重要内容。其中，融合教育作为国际特殊教育发展的主流趋势，其质量评价包括对资源教室课程质量的评价是亟待研究的问题。

资源教室课程评价是对资源教室课程价值或特点的判断，资源教室课程评价的目的，一是判断课程的有效性、适用性和独创性，即课程是否符合融合学生的教育目标，能否促进学生在认知、情感、技能等方面的全面发展，是否适应使用该课程方案的资源教室教师和学生的实际情况和需要，是否比其他方案更好、更有特色；二是为改进课程做出决策，也就是通过资源教室课程评价发现课程中存在的缺陷以及造成这种缺陷的原因，从而对课程做出相应的改进。

　　根据评价的作用性质，可将评价分为形成性评价与总结性评价；根据评价与预定目标的关系，可把评价分为目标本位评价和目标游离评价；根据评价关注的焦点，可把评价分为效果评价和内在评价；根据评价人员的身份，可把评价分为内部人员评价和外部人员评价；根据评价的目的、宗旨，可把评价分为伪评价、准评价、真评价；根据评价方法，可把评价分为量化评价与质性评价。

第二节 资源教室课程评价主体与对象

一、资源教室课程评价主体

在资源教室课程评价中，由谁来评价指的便是资源教室课程评价的主体。在评价活动中，进行评价的个人或组织被称为"评价主体"。资源教室课程评价的主体有三项职责：一是呈现一切与资源教室课程有关的客观资料、信息；二是收集并呈现课程专家、教师、学生等对课程的主观价值判断意见；三是评价者自己对资源教室课程做出价值判断。在实践中，资源教室课程评价的主体主要有教育行政管理部门委托区特殊教育资源中心、学校管理人员、教师、融合教育特需学生、融合教育特需学生家长、融合教育特需专家。

1. 教育行政管理部门

教育行政管理部门作为学校的上级部门，负有监督、检查、指导和管理学校工作的权力和职责，而评价是进行这些工作的重要手段。在区域融合教育工作中，教育局委托区特殊教育资源中心对区域融合教育教学工作进行业务指导和管理。区特殊教育资源中心制定融合教育教学相关的评价指标体系，作为一种指导和导向下发到各融合学校，融合学校以这些指标体系要求开展融合教育教学工作，详见表7-2-1。

表7-2-1

学校盖章：

考核时间：

一级指标	二级指标	分值	三级指标		分值	发展性指标	考核方式	自评得分	考核得分
			约束性指标						
A1 组织管理（10分）	B1 领导重视（3分）		C1 校长是随班就读工作的总负责人，将随班就读工作计划和工作总结。1名校级领导（或中层干部）分管随班就读工作，每学期组织召开随班就读专题工作会议至少2次，深入随班就读课堂听课5节以上（3分）				查学校计划、会议记录、校长听课记录		
	B2 建章立制（2分）		C2 学校制定随班就读制度、资源教室教师及随班就读教师工作相关制度，学校各部门、各人员职责清楚，分工明确（2分）				查学校制度		
	B3 经费到位（2分）	1	C3 管好、用好上级主管部门划拨的随班就读专项经费，做到专款专用；每学期从办公经费、生均公用经费中列支一定比例，用于开展随班就读工作，且有随班就读经费使用情况说明（1分）		1	使用经费学年5000~10000（0.5分）使用经费学年1万元以上（1分）	查经费报表等相关资料		
	B4 考核评估（3分）		C4 制订学校资源教师及随班就读教师绩效考核方案，对随班就读工作进行专项考核（2分）；学校在考核评优、职称评审等方面，对随班就读及资源教师给予适当的政策倾斜（1分）				查考核方案等相关资料		

续表

一级指标	二级指标	三级指标			考核方式	自评得分	考核得分
		约束性指标	分值	发展性指标			
A2 队伍建设（12分）	B5 教师选配（4分）	C5 选拔优秀教师担任随班就读教师，资源教室教师（初任资源教室教师原则上不超过45岁），职责分明，资源教室教师长期固定（2分）			查团队成员资料		
		C6 选拔学校骨干教师（语、数学科）担任随班就读学科教师，1~3名专（兼职）资源教师，并保持相应稳定（2分）		成立由随班就读教研组组长、校医组成的随班就读工作团队	查工作团队教师情况表		
	B6 培训进修（8分）	C7 学校按要求选派中层干部、资源教师、随班就读教师参加随班就读各级专题培训，认真开展校级二次培训（3分）			查区级签到表、校级培训记录		
		C8 开展特殊教育宣讲，每学期面向全体师生开展随班就读专题活动1次以上，以推动全校接纳特殊学生，创造和谐、融洽的校园氛围（3分）			查学校宣讲记录		
		C9 随班就读教研组教师自主学习，每学期每人读特殊教育专业书籍1本以上，每名教师撰写论文或随笔至少1篇（2分）			查读书笔记、查读论文、随笔		
A3 资源教室建设与运作（38分）	B7 物理环境（6分）	C10 有固定的资源教室，选址适宜（位于一楼或二楼，便于学生到达的位置），物理环境良好，包括房间墙面、地面、门窗、通风、采光、换气等都要达到国家关于普通学校资源教室建设的相关要求（3分）			查资源教室环境		
		C11 学校科学规划校园环境无障碍建设，包括行动无障碍（如斜坡、扶手、无障碍厕所）、信息无障碍（如语音提示器、视觉提示牌）等（3分）			查无障碍环境建设情况		
	B8 空间划分（2分）	C12 资源教室分区明确，至少设置办公区、诊断咨询区、教学训练、干预训练、资源管理等多种区，以满足办公、接案咨询、教育诊查评估、干预训练、资源管理和康复需求（2分）			查资源教室区域设置		

186

一级指标	二级指标	三级指标			考核方式	自评得分	考核得分
		分值	约束性指标	发展性指标			
A3 资源教室建设与运作（38分）	B9 设施设备（2分）	C13 配备基本的教学设备、办公设备，并根据随班就读学生需要，配备适宜的康复设备（2分）			查基础设备的配置情况		
	B10 书籍配置（4分）	C14 根据教师专业需要，合理配置普通教育和特殊教育类别相关书籍，普通教育类别书籍基本配置普通教育类别书籍及期刊5种以上；特殊教育类别书籍基本配置特殊教育儿童心理学、教育学、康复医学书籍及期刊5种以上（2分）			查书籍的配置情况		
		C15 为随班就读学生配置满足其特殊需求的各类读物，如大字与盲文读物、语音读物、触摸式读物等（2分）			查特殊类读物的配置、开发情况		
	B11 教具学具辅具（2分）	C16 各校根据随班就读学生实际，参照教育部关于《普通学校特殊教育资源教室配备参考目录》，选择促进学生感知动作、认知语言、社会情绪等能力发展的教具学具及辅具进行配置。资源教室宜为有辅具需求的随班就读学生购置、开发辅具（2分）			查看教具学具辅具		
	B12 计划总结（2分）	C17 期初制订资源教室工作计划，有针对性地规划资源教室课程设置、活动组织等，期末形成总结材料（2分）			查工作计划、总结等		
	B13 档案管理（3分）	C18 建立随班就读学生成长档案袋，资料完整，包括学生基本信息、家庭情况、原始的筛查资料、个别化教育计划、资源教室活动记录及能够反映其个人成长的材料（3分）			查档案资料		

续表

一级指标	二级指标	三级指标			考核方式	自评得分	考核得分
		约束性指标	分值	发展性指标			
A3 资源教室建设与运作（38分）	B14 支持学生（9分）	C19 统计学校随班就读学生基本情况，做好随班就读工作，并科学安排资源教室课程（2分）			查学生统计表		
		C20 根据个案分析会提出的学生特殊需求，做好进一步测查、评估工作，并科学安排资源教室课程（2分）			查随班就读学生教育诊断评估报告与资源教室课程设置		
		C21 每周固定为随班就读学生开展不少于2课时的教育教学支持服务（或对有复教需求的随班就读学生开展2课时基本的康复训练），为有需要的随班就读学生提供每周1次以上生活辅导和社会适应性训练（5分）			查资源教室评估资料，活动记录（3分）、巡回指导（2分）		
	B15 支持教师（3分）	C22 为本校教师提供特殊教育信息及相关资源，及时解答问题，积极寻求专家解答，形成相关资源群（3分）			查咨询记录		
	B16 支持家长（4分）	C23 建立家校联系制度，为家长提供教育安置及相关信息咨询服务，提供随班就读学生家庭教育与康复训练的专业技术支持（2分）			查家校联系记录		
		C24 通过多种途径、形式开展随班就读学生家长培训，其中集中性培训每学期不少于1次（2分）			查培训图文资料		
	B17 社区融合（1分）	C25 主动与社区建立联系，做好社区融合教育宣传工作，并寻求社区支持（1分）			查图文、资料记录		

续表

一级指标	二级指标	三级指标			考核方式	自评得分	考核得分
		约束性指标	分值	发展性指标			
A4 教育教学（40分）	B18 教学管理（10分）	C26 课程与教学处定期检查随班就读教师教学设计、教学活动开展、作业设计与布置、个别辅导、课程评量等教学工作开展情况，以及资源教室常规工作开展情况（3分）			查课程与教学处检查记录		
		C27 随班就读班额不超过45人，一个班级安置随班就读学生人数不超过2人，且为同一障碍类别（4分）			深入调查		
		C28 教研组制订学期工作计划，定期开展教学研讨活动（含个案分析会），主题明确、内容具体，每期3次及以上。组内教师上校级随班就读公开课（含资源教室教学）3节以上教学，教研组做好工作总结（3分）			查教研工作记录		
	B19 课堂教学（12分）	C29 随班就读教师制订教学计划，集体备课有随班就读学生（不含单独批注）的单独批注，教学目标、教学环节的批注及教学反思（3分）			查教师备课本或查随班就读教学工作手册		
		C30 课堂教学中随班就读学生座位安置合理，集体教学中有个别兼顾随班就读学生的教学措施，积极正向评价随班就读学生（3分）			查视导、巡回记录		
		C31 随班就读学生参与课堂教学活动，承担适合的学习任务，在班级中有适合的学习伙伴，普通学生容纳度高，氛围融洽（3分）			查视导、巡回记录		
		C32 随班就读学生显著障碍问题在课堂上无特别体现或体现较少，课堂教学秩序正常（3分）			查视导、巡回记录		
	B20 教学支持（8分）	C33 随班就读教师提供适合随班就读学生的学习材料，开展课前铺垫、课后补救等方式支持随班就读学生课堂学习目标的达成，有个别辅导措施（3分）			查学生作业等学习资料		

续表

一级指标	二级指标	三级指标				考核方式	自评得分	考核得分
		约束性指标	分值	发展性指标	分值			
A4 教育教学（40分）	B20 教学支持（8分）	C34 开发适合随班就读学生学习的教具、学具、制作特殊教育教学用微课、视频或PPT（2分）				查教学资料		
		C35 随班就读教师和资源教室教师共同解决随班就读学生课堂融入的突出问题，有相关的课堂观察、教学讨论记录（3分）				查课堂观察表、听课本		
	B21 学习评价（4分）	C36 根据学生特点，自制试卷或选用相关量表，多元评价随班就读学生学习情况，按时间节点上报学生评估、测查结果（4分）				查资料记录		
	B22 班级融合（3分）	C37 班级成立助学团队，随班就读学生承担相对稳定的班级职务，和普通学生共同参与班会、大课间、学校社团等活动（3分）				看活动、查资料		
	B23 家校共育（3分）	C38 班主任、学科教师与家长保持良好沟通，家长按要求参与学校活动（3分）				查图文资料		
基础目标（总分100分）						得分		
		特色部分						
A5 加分项目（最高加分不超过30分）	B24 教学成果	C39 学校积极申报、承担区级及以上教学研讨活动，教师特殊教育研究论文在各级刊物发表或获奖、交流，学校积极组织教师参加随班就读各类比赛、上公开课、承担专题讲座等（区级0.5分、市级1分、省级2分、国家级3分）				查相关证书复印件		

续表

一级指标	二级指标	三级指标			考核方式	自评得分	考核得分
		约束性指标	分值	发展性指标			
		分值					
A5 加分项目（最高加分不得超过30分）	B25 课题研究	C40 学校申报立项（或参与）随班就读课题研究（校级0.2分、市级1分、省级2分、国家级3分）		校级0.2分、区级0.5	查证书、查相关材料		
	B26 表彰推广	C41 学校（或教师）获得特殊教育各级表彰、社会认可，随班就读工作形成特色，在各级交流活动中进行汇报推广（区级0.5分、市级1分、省级2分、国家级3分）		学校随班就读工作获家长、	查证书、图文资料		
	B27 片区引领	C42 区二级资源教室每学期组织开展片区融合教育研讨活动2次，三级资源教室积极参加片区融合教育研讨活动2次（少一次扣0.5分），二级资源教室深入片区三级资源教室开展融合指导支持服务（1次0.2分）C43 融合教育集团学校积极参加集团研修活动（1次0.2分）		二级资源教室提供片区研修活动、印证材料（方案、简讯报道、签到表等）资源中心考核		
加分项目	得分			考核总分			
自评总分							

考核小组签名：

其中C17的"期初制订资源教室工作计划，有针对性地规划资源教室课程设置、活动组织等，期末形成总结材料"以及C21的"每周固定为随班就读学生开展不少于2课时的教育教学支持服务（或对有康复需求的随班就读学生开展2课时基本的康复训练），为有需要的随班就读学生提供每周1次以上生活辅导和社会适应性训练"，均是对资源教室课程的评价。

2. 学校课程管理部门

融合教育课程是学校整体课程的一部分，纳入学校整体课程的开发与建设中，学校层面注重过程评价与结果评价，对课程实施情况进行总体评价。

3. 教师

教师是融合教育教学活动直接的合作者、主导者、辅助者和指导者，是学生学习取得成功的有力保证。教师是学生评价的主体之一，在其中扮演着重要的角色。教师了解学生的情况，观察学生在学习过程中的学习行为和反应状况，记录学生的成败经验；对自身参与融合教育的感受进行反思；了解学生对参与各种学习活动的感受与体验。教师作为教育学领域的专业人士对学生学习活动的进程与学生表现的评价具有不可替代的作用。

4. 学生

融合教育主张学生应当成为积极的学习者，不仅要设计和主动参与学习活动，还要承担起教学评价与反馈的工作；不仅要评价自己的学习情况，还要评价课程与活动本身。事实上，学生完全有能力参与对自身学习的评价和反馈，参与那些真正能够让他们评价和反馈自己学习情况的工作。学生进行评价与反馈可以是个体对自己的评价与自我反馈，也可以是小组对个体以及小组本身表现的评价与反馈。在学生参与评价与反馈的过程中，学生自主确定使用什么方法来评价与反馈所学的内容、自己以及伙伴的学习表现与进步情况、教师的教学工作情况。收集整理自己的学习作品和关于他们的爱好、在某个具体学习活动或者在整个学习过程中的学习情况的描述及评论是有效且易执行的办法。教师既可为学生提供评价工具，也可帮助学生进行自我评价。

5. 特殊教育或者课程相关专家

由课程专家、融合教育专家进行课程评价，可以保证评价的客观性、权威性、严肃性和科学性。课程实施前，专家可以对课程计划进行论证性的评价，以确保课程的科学性；课程实施中，邀请专家进行评价，可以及时发现问题，进行修正；课程实施结束后，再邀请专家进行全程性评价，可以保证专家评价的全面性和真实性。

二、资源教室课程评价对象

资源教室课程评价对象涵盖了对课程本身、课程设计者及课程学习者三个方面的调查结果。

1. 教师评价

教师队伍是课程建设的核心。对教师队伍的评价是一项对课程目标能否顺利实现的潜在的可能性的评价。通过评价资源教室教师队伍，确定资源教室课程的开设是否具备了必要的条件，能否保证课程目标的实现，这也是教学效果能否得到保证的首要条件。由于课程教学活动是由师生双方互动的活动，教师的素质和授课水平将在很大程度上制约着学生的课程学习，对教学队伍的评价成为首要的评价内容。对资源教室课程教师的总体评价包括德、勤、能、效四个方面。

首先，师德评价。德是教师道德，师德一票否定制，主要由家长评价、教师互评与学生评价完成。

其次，勤是教师的上课率，具体包括开足资源教室课程，遵照资源教室课程方案（计划）、课程表等完成规定资源教室课时数等。

最后，能包括教师课程开发能力和教学能力。

课程开发能力主要包括课程开发目的意义、课程开发实用性、课程目标明确、课程内容科学、课程评价有效，详见表7-2-2。

表7-2-2

评价项目	评价要求	参考值	评价得分
课程开发目的意义	符合融合教育学生发展的现实需要		
课程开发实用性	紧密结合学校实际，与国家、地方课程联系密切		
	立足融合教育特需学生生涯发展		
课程目标明确	课程目标明确、清晰		
	教学知识目标、技能目标、情感态度目标明确		

评价项目	评价要求	参考值	评价得分
课程目标明确	充分考虑到融合教育特需学生的身心特点与学习特点，贯彻因材施教原则		
课程内容科学	内容紧密结合融合教育特需学生的生活实践与发展		
	内容体现阶梯性、科学性，具有启发性，突出能力培养		
课程评价有效	具有可操作性、激励性，方法科学，能够发挥制约作用		

首先，资源教师教学能力的评价应注重特殊教育与普通教育新课程标准变革，注重新课程背景下育人理念、教育质量观、课堂教学的转型；要以学生为中心，从学生出发设置评价指标，具体包括基础指标、核心指标和评价指标，详见表7-2-3。

表7-2-3

评价指标		评价标准	权重	得分
基础指标	教学设计	学习目标：制定分层/个别化学习目标，做到明确、具体、可测量	5	
		评价任务：基于学业目标设计表现评价任务	5	
		教学资源：选择适切的教学资源与技术手段，营造真实、可感的学习情境，辅助教学	5	
		教学内容：根据学生的学习起点，差异化确定教学内容，突出核心素养，渗透人文内涵	5	
		教学策略：围绕教学目标，从学生体验出发，以问题为核心，关注学生的学习方式来设计教学策略	5	
	教学态度	积极热忱，正视特殊学生的差异，尊重学生个性，对学生的变化保持敏锐，及时鼓励学生的学习进步	5	
	教学氛围	关注全体，积极营造平等民主、和谐包容、有效互动的课堂氛围和真实情境	5	
	教师引导	建立即时反馈机制，让学生明确与目标的差距，促成学生调整学习，优化策略，深入思考，深化学习	5	

评价指标		评价标准	权重	得分
核心指标	学习方式	自主参与合作学习，共同探究重点内容与疑难问题，精力集中，思维活跃；时间充裕，体现实效	10	
	学习态度	能在学习中自主质疑问题，准确表达对问题的思考；有良好的倾听、记录、讨论的习惯	5	
	学习过程	全员参与学习的全过程，给同学提出有价值的评价反馈，实现知识内化，并能迁移运用	10	
	学习特质	积极参与师生互动的思维碰撞，释放潜能，产生有价值的动态生成，成为课堂学习的亮点	5	
	学习成效	记忆、理解、应用、分析、评价、创造等认知水平得到提高，学生的能力得到发展	10	
评价指标	教学评价	体现教学评一致性，学习过程反馈及时有效	10	
		分层/个别目标的达成度高	10	
			总分	

基础指标指向教师的"教"，主要从教学设计、教师态度、教学氛围以及教师引导等方面评价。教学设计强调学习目标明确、评价任务具体、教学资源丰富适切以及教学内容合适和教学策略有效。

核心指标指向学生的"学"，涵盖学生的学习方式、学习态度、学习过程、学习特质、学习成效。

评价指标重点关注教学评价，要求在资源教室课程中体现教学评一致性，学习过程反馈及时有效，分层或者个别化的目标的达成度高。

资源教师教学能力的评价主要通过个体反思、同伴观课议课、学生自评等方式进行。

教师自我反思是教师专业发展的重要路径与方法，表7-2-4以半封闭的方式引导小学资源教师进行自我反思，既呈现了反思的逻辑框架，又涉及反思的内容维度；既有对自我教学处理的反思，又有对引导学生的学习和发展的反思。教室自我反思也可通过撰写反思日记或者心得体会等进行。

表7-2-4

学生　　　　　日期
教师　　　　　课程
（1）课堂上，我与特殊学生有（　　）次目光接触，持续时间约（　　）分钟。
（2）今天我用手轻轻触碰过特殊学生（　　）次。
接触的情况是（　　）分钟，效果（　　）。
（3）今天在课堂上，我提问过特殊学生吗？（　　）
提的问题（　　）。结果（　　），他的回答是（　　）。
（4）针对特殊学生的课程处理是（　　），结果（　　）
提的问题是（　　），教材处理是（　　）。
（5）教学方法调整采用的教学形式是（　　），布置的作业是（　　）。
（6）除了课堂教学之外，我与特殊学生的口语交流情况（　　）。
（7）我认为今天关注了/没有关注特殊学生。
（8）我认为今天学生在资源教室课程中的感觉：很高兴/高兴/不高兴/无所谓。

其次，资源教师教学能力的评价主要方式是同伴观课、议课，主要包括特殊教育或者课程相关专家、学校行政人员、教研组团队、巡回教师等，采用相关表格工具进行评价。

学生评价也是常见的方式。根据融合教育特需学生的学习特点，选择形式多样且行之有效的方式，如考试、测验、观察、讨论、同伴评价、演示、小组讨论、摘要、提问、作品分析等；根据不同类型的教学目标选择合适的评价手段；评价工具有较高的效度和信度；事先向学生公布评分标准；在评价活动结束后，尽快让学生知道自己的学习情况；向学生提供一些不打分数的自我测试；利用同伴相互教学和评论的方式提供反馈；在每次作业或评价后，向学生指明努力方向；总结学生获得的解决问题的技能和成功的经验，探讨新技能的应用范围。

最后，包括教师个人获奖（或成果）和特需学生获奖（或成果），如教师参加资源教室课程相关比赛、上公开课、承担专题讲座、申报立项（或参与）参与相关资源教室课程课题研究等，组织或者指导特殊学生参与相关比赛活动。

2. 学生评价

在"最小调整最大融合"理念指导下，我们立足融合教育特需学生全面发展，确定了融合教育学生评价方案。融合教育评价坚持质与量相结合、外部与内部相结合、过程与结果相结合、相对与绝对相结合、纵向与横向相结合。融合教育评价的目的是全面了解学生，鉴别并减少教育环境中影响学生参与学习的障碍，发掘可利用的教育资源，以改进日常教育实践，为所有学生提供满足其需要的高质量的教育服务。在评价中，我们坚持结合各类残障学生身心特点及发展需要，对学生的评价采用过程与结果相结合、定量与定性相结合的评价方式，实施学校、教师、学生与家长对学生的多主体、多形式评价。

（1）学习质量综合评价

学业发展是小学融合教育的核心领域与关键指标之一。考试是我国小学教育学习评价的重要手段和方法，当然也是小学融合教育学习评价最为重要的评价方法。根据资源教室课程计划展开纸笔测试、随堂观察、任务操作、档案袋评价等综合测试，形成评价结果，融合学生学习质量综合评价详见表7-2-5。

表7-2-5

学生：　　　　　评估时间：　　　　　助学伙伴：

家长：　　　教师：

评价等级	项目					
	思想品德	学习习惯	学科补救	作业完成情况	特长发展	能力表现
自评						
助学伙伴评						
教师评						
家长评						
总评（　）						

注：按优、良、中、差打等级。

其中，纸笔考试是最主要、传统的评价方式。针对特殊学生，学校需要遵循合理、便利的原则，对考试进行适当的调整，这也是保证教育公平和特殊学生充分发展的基本原则。

① 纸笔考试前的调整策略对学习有指引作用，教师告知学生课程学习的重点，提供练习的题目；提供练习和平时考试的机会，以提醒学生考试的重点，并让学生熟悉考试的方式；辅导有需要的学生如何参与考试和测验，在此基础上辅导学生考试和测验的内容；辅导应试策略；在考试前调整评价的结构。

② 资源教室考试中的调整策略包括：答题形式的调整，如将原来问答题

完全空白的答案填写处改成撰写大纲，以提示学生如何组织答案；答题方式的调整，如将纸笔考试改成当场口试或录音、用计算机或沟通板答题、以手语答题、改用操作测验等；考试地点的调整；考试协助，如教师或同伴检查是否具有书写错误、提供辅助设备（助视或助听设备）、提供辅助材料（计算器、字典、九九乘法表或解题公式、课本或笔记本）；时间调整，如延长考试时间、考试中间适当休息、弹性安排考试时间等；内容呈现方式调整，如口述、录音、点字、手语、大字或黑字、加大行间距、扩大答题处的空间、调整试题顺序、调整试题呈现方式（如针对特殊学生的情况，一行只呈现一句话）、突出试题中的关键字词、使用图片或补充指导语、提供答题线索等。

③ 考试后的调整策略可以改变等级或分数的成绩呈现方式，如补充质性描述；调整评分标准，如调整不同评价内容的评分比重；使用其他的方式代替等级及分数成绩，如达标或不达标、通过或不通过等。

（2）档案袋评价

档案袋评价是综合性评价，广泛应用于特殊学生的评价。档案袋评价的主要目的是在某一特定学习活动中阐明学生某一时期的成绩，在能力水平以及重要成果方面的成长。档案袋包括三部分内容：作品档案袋，主要收集学生的学习成果与作品；过程档案袋，主要收集有关学生学习进展状况的资料；进步档案袋，主要收集学生在学习过程中不同时期的同类活动成果。

（3）功能提升前后测评价

功能提升前后测评价主要应用于融合教育特殊需要学生语言、动作、情绪行为等方面康复训练效果的评价，为制订和调整课程实施计划提供科学参考依据。通过前后测试对比，判断康复训练效果，检测资源教室康复课程的有效性。

（4）自我评价

资源教室课程学生自我评价见表7-2-6。

表7-2-6

学生姓名：　　　　　指导教师：

时间学期	星期	星期	星期	星期
学习内容				
课上我的收获				
我困惑的地方				
老师的话				

资源教室课程学期评价见表7-2-7。

表7-2-7

学生姓名： 指导教师：

类别	学习表现	参与次数	成果展示
日常评价			
我一学期的收获			
教师的话			
我的假期打算			

（5）家长评价

邀请家长对融合教育情况进行评价，其中包括对资源教室课程质量进行评价，如学校教师会根据我孩子的情况进行课程与教学方面的调整，为我孩子进行评估并制订个别化教育计划，资源教室定期会为我的孩子提供特殊教育服务。融合教育满意度调查明细见表7-2-8。

指导语：尊敬的家长，您好！为了解您的孩子随班就读现状，为进一步提高学生的学习质量提供参考。特向您了解如下问题。希望您能真实作答。感谢您的参与和配合！

表7-2-8

题号	题目	非常满意	满意	部分满意	不满意	非常不满意
1	我孩子目前参与资源教室课程					
2	资源教室教师会为我孩子进行评估并制订个别化教育计划					
3	资源教室教师会根据我孩子的情况进行课程与教学方面的调整设计					
4	资源教室教师积极和家长沟通资源教室课程方案、计划					
5	资源教室教师积极和家长沟通资源教室课程实施情况、发布相关作业任务					
6	目前我孩子喜欢资源教室课程					
您对孩子目前的资源教室课程有什么建议？						

3. 资源教室课程活动评价

《成都市双流区中小学随班就读工作考核细则》（节选）见表7-2-9。

表7-2-9

一级指标	二级指标	方式
教学支持	融合教育学科教师提供适合融合教育特需学生的学习材料，采取课前铺垫、课后补救等方式支持融合教育特需学生课堂学习目标的达成，有个别辅导措施（3分）	查资源教室教学活动记录、学生作业等学习资料
	开发适合融合教育特需学生学习的教具、学具，制作特殊教育教学用微课、视频或PPT（2分）	查教学资料
	融合教育班主任、学科教师和资源教室教师共同解决融合教育特需学生课堂融入的突出问题，有相关的课堂观察、教学讨论记录（3分）	查课堂观察表、听课本
学习评价	根据学生特点，自制试卷或选用相关量表，开展多元评价，融合教育特需学生学习情况，按时间节点上报学生评估、测查结果（4分）	查资料记录

融合教育资源教室补救性课程考核见表7-2-10。

表7-2-10

支持性课程名称		学期总课时		授课老师	
课程目标					
目标达成情况					

第三节　资源教室课程评价流程

在对资源教室课程开发质量进行评价时，我们主要通过制订评价方案、准备评价工具、实施评价、分析评价结果、撰写评价报告五个步骤实施的。

一、制订评价方案

制订有效的资源教室课程评价方案是实施资源教室课程评价的第一步。资源教室课程评价方案要明确评价目的、被评价对象、评价项目、参与评价人员、评价工具、评价方式等内容。

资源教室课程评价方案要确定开展资源教室课程评价的目的，如该资源教室课程开展的必要性与有效性、课程是否符合融合教育特需学生身心发展规律、实施成效等。评价对象是指要接受评价的某资源教室。评价项目为资源教室某类课程。参与评价的人员主要为特殊教育课程专家、资源中心巡回指导教师、学校课程负责人等。评价工具主要为自主研制的《资源教室课程开发与实施评价指标》。评价方式一般有实地观察、访谈交流、查看资料等。其中实地观察时，须观察资源教室教学活动，通过观察了解教师资源教室课程教育教学能力、融合教育特需学生参与资源教室活动状态等。访谈交流主要访谈资源教师、随读教师、融合教育特需学生及其家长，通过访谈交流深入了解资源教室课程开发与融合教育特需学生能力情况、最近发展区结合程度及资源教室课程实施情况。查看资料环节主要查看融合教育特需学生个别化教育计划、资源教室课程方案、资源教室教学活动设计、学生参与活动影像图文资料等。

二、准备评价工具

资源教室课程评价工具可帮助评价人员有序地、科学地对资源教室课程的开发与实施情况进行评价。在对区域资源教室课程开发与实施评价时，我们参考普通教育课程评价相关指标，结合融合教育特需学生身心状况、资源教室课程类型、资源教室课程目标、内容、设施及课程特征实际制定"资源教室课程开发与实施评价指标"，具体见表7-3-1。

表7-3-1

一级指标	二级指标	评价项目	评价方式	评价记录	得分	建议
资源教室课程保障（15分）	制度与经费保障（5分）	制定了针对资源教室课程开发与实施的相关制度，并严格按制度执行（2分）	查看资料			
		学校支持资源教室课程开发与实施的经费不低于随班就读学生均公用经费的10%（3分）	查看课程开发与实施资料，查看经费报表			
	人员保障（6分）	学校成立以随班就读分管校级干部为组长、课教处主任为副组长的资源教室课程开发与实施管理小组，统领资源教室课程开发与实施工作（6分）	查看资料，访谈			
		成立以课教处主任为组长，资源教师为副组长，相关教师为组员的资源教室课程开发与实施小组，具体负责资源教室课程开发与实施（3分）	查看资料，访谈			
	场地保障（4分）	根据资源教室课程实施需求为资源教室教学活动提供相应的场所	实地查看，访谈			
课程方案（20分）	背景分析（2分）	资源教室课程开发与实施具有充分的背景支撑（2分）	查看方案，相关资料			

续表

一级指标	二级指标	评价项目	评价方式	评价记录	得分	建议
课程方案（20分）	目标拟订（5分）	资源教室课程方案目标与融合教育特殊学生最近发展区紧密结合（5分）	查看方案，查看个别化教育计划，访谈学生			
	课程内容（7分）	资源教室课程内容与融合教育特需学生发展目标、课程目标相结合（3分）	查看课程方案			
		课程内容阶梯化设计，具有系统性（4分）				
	课程实施保障（3分）	课程方案明确提出资源教室课程实施的相关保障条件（3分）	查看课程方案			
	课程评价（3分）	资源教室课程方案结合融合教育特需学生发展，拟订适宜的评价方法，开展多元化的评价（3分）	查看课程方案			
课程实施（50分）	教学设计（15分）	制定分层/个别化学习目标，做到明确、具体、可测量（3分）	查看教学设计			
		基于学业目标，设计表现评价任务（3分）				
		选择适切的教学资源与技术手段，营造真实、可感的学习情境，辅助教学（3分）				
		根据学生的学习起点，差异化确定教学内容，突出核心素养，渗透人文内涵（3分）				
		围绕教学目标，从学生体验出发，以问题为核心，关注学生的学习方式，以此来设计教学策略（3分）				

续表

一级指标	二级指标	评价项目	评价方式	评价记录	得分	建议
课程实施（50分）	教学活动开展（30分）	积极热忱，正视特需学生的差异，尊重个性，对学生的变化保持敏锐，及时鼓励学生的学习进步（10分）	看教学视频，观察资源教室教学活动			
		关注全体学生，积极营造平等民主、和谐包容、有效互动的课堂氛围和真实情境（10分）				
		建立即时反馈机制，让学生明确与目标的差距，促成学生调整学习，优化策略，深入思考，深化学习（10分）				
	学生参与（5分）	学生参与度高，注重收集学生学习活动材料（分）	观察资源教室教学活动，查看资料			
课程效果（15分）	教师发展（6分）	积极学习课程开发与实施相关知识（2分）	查看学习笔记心得			
		结合个案撰写资源教室课程开发与实施案例研究（4分）	查看研究资料			
	学生发展（6分）	学生获得发展，能力得到提升（6分）	查看IEP，访谈随读教师、访谈家长			
	家长满意度（3分）	家长满意资源教室为其孩子提供的课程支持服务（3分）	访谈家长			

同时，根据资源教室课程开发与实施评价的需要，我们设计了相应的访谈问卷、观察表等工具。

评价者要识别探讨问题所必需的信息来源，以及他们能用来收集这些信息的手段。评价者还要根据评价的时间表来安排收集信息的步骤。

三、实施评价

根据资源教室课程评价方案，我们组织相关评价人员召开资源教室课程开发与实施评价会议，做好分工，深入相关资源教室开展资源教室课程开发与实施评价。在评价中，我们主要运用《资源教室课程开发与实施评价指标》工具，通过现场观察、实地考察、访谈或查看相关图文与影像资料等对各融合学校资源教室课程开发与实施开展评价。

四、分析评价结果

评价人员汇总在评价中收集到的资源教室课程开发与实施的相关资料、信息，进行整理并综合分析，得出相应的结论，并提出相关建议。

五、撰写评价报告

评价报告包含资源教室课程目标分析、资源教室课程内容设置、资源教室课程教学资源准备、资源教室课程教学活动设计与实施、资源教室课程效果等。评价者的报告既可以是非正式的，也可以是正式的；既可以是描述性的，也可以是数据分析的。

评价结果分享给资源教室教师，便于资源教室教师了解本资源教室课程开发与实施的亮点与不足、今后发展方向与策略等，以促进各资源教室教师能紧密结合融合教育学生发展的特殊教育需要不断优化资源教室课程开发与实施，助力融合教育特需学生在资源教室课程中有更好的学习体验和成长提升。

对资源教室课程开发与实施进行评价旨在进行反思总结，不断优化资源教室课程，提高资源教室课程的科学性与实效性，以真正帮助融合教育特需学生融入班级、学校、社会，助力每一名融合教育特需学生人生出彩。

附　录

附录1

一、感觉统合基础资料

附表1

姓名		出生日期		性别	男□ 女□
监护人姓名		年龄		关系	
职业		联系电话		联系地址	
你觉得孩子哪些方面需要提升？ 1. 2. 3. 4. 5. 6.					
（一）孕期情况					
孕期：					
服用药物		被动吸烟		营养状况	
□早产　　□足月　　□过产期　　□自然产 □产钳　　□胎吸　　□窒息　　□剖宫产					
胎位：□头位　　□臀部　　□横位					
出生体重	_____千克	父母生产时年龄	父___岁　　母___岁		
（二）生长发育史					
□母乳　　□人工　　□混合　　□断乳时间_____					
□个月会抬头　　□个月会翻身　　□个月会爬　　□个月会坐					
□个月会走　　□个月会笑　　□个月会喊妈妈　　□个月会说话					
（三）生长发育史					
健康状态：			□抽风史　　□脑外伤		
其他疾病史：					

续表

（四）生活环境				
养育者	□父母	□祖（外祖）父母	□外人	□其他
养育者文化程度	□博士	□硕士	□学士	□中专　　□其他
养育方法	父：□严　　□宽	□放任	□普通	□不定
	母：□严　　□宽	□放任	□普通	□不定
（五）养育者与儿童之间的情况				
沟通时间	□长　　□短　　□没有			
密切程度	□很密切　　□密切　　□一般　　□不密切			
生活空间	□大　　□中　　□小			
被动吸烟	□有　　□无			

二、儿童感觉统合能力发展评定量表（感觉统合发展核对表）

附表2

★P目前情况　　　　★B以往曾有过　　　　★P+B从小至今继续出现所述情况

● 请与指导老师做客观勾选。

● 儿童若未到该题所指年龄，请不要圈该选择题。

● 题中情况若只呈现部分现象而非全部，请评勾该部分情况，并画线标出。

（一）前庭平衡和大脑双侧分化	没很偶常总 有少尔常是
1. 儿童特别喜欢玩旋转圆凳，玩公园中旋转地球或飞转设施，不觉晕	BP□□□□□
2. 儿童看来很正常、健康，有正常智慧，但学习阅读或做算术很难	BP□□□□□
3. 在眼看得见的情况下，屡碰撞桌椅、杯子或旁人，方向和距离感差	BP□□□□□
4. 手舞足蹈、吃饭、写字、打鼓时双手或双脚配合不良，常忘另一边	BP□□□□□
5. 表面上左撇子，左右手都用，或尚未固定偏好使用另一只手	BP□□□□□
6. 大动作笨拙，容易跌倒，并不会使用手支撑保护自己，拉他时显得笨重	BP□□□□□
7. 语音不清楚，组合句子或编组故事困难	BP□□□□□
8. 看书眼睛会累，却可以长时间看电视	BP□□□□□
9. 俯卧地板床上时，无法把头、颈、胸、手脚举高离地（如飞机状）	BP□□□□□
10. 喜欢听故事，不喜欢看书，听的容易记，看的容易忘	BP□□□□□
11. 走路、跑、跳常碰东西，不善于与同伴投球和传球，排队和游戏有困难	BP□□□□□

续表

（二）脑神经生理抑制困难	
12. 注意力分散，不专心，小动作多，或上课左顾右盼	BP□□□□□
13. 偏食或挑食，不吃水果、软皮的食物、肉类、蛋类，只吃米饭、奶等	BP□□□□□
14. 害羞，见到陌生人赶紧躲避或紧张捻衣角、皱眉头、口吃说不出话	BP□□□□□
15. 看电视、电影很容易激动，高兴时又叫又跳，恐怖片不敢看	BP□□□□□
16. 严重怕黑，到暗处要有人陪，晚上拒绝出去，不喜欢到空屋子去	BP□□□□□
17. 换床睡不着，换枕头或被子睡不好，出外总是对睡眠空间担心	BP□□□□□
18. 别人为他用棉棒清洁鼻子和耳朵时，他往往觉得不舒服	BP□□□□□
19. 喜欢往亲人的身上挨靠或搂抱，像被宠坏或被溺爱的孩子	BP□□□□□
20. 睡觉时总爱触摸被角、抱棉被、衣物或玩具，否则会出现不安或睡不好	BP□□□□□
（三）触觉防御过多及反应不足	
21. 脾气不好，对亲人特别暴躁，常常为琐事无故发脾气，遇事会强词夺理	BP□□□□□
22. 到新的场合或人多的地方不久，就要求离开或自己跑掉	BP□□□□□
23. 轻微病后多次向人表示不喜欢去幼儿园，没原因或为小事对幼儿园产生恐惧	BP□□□□□
24. 常吮舔手指头或咬指甲，不喜欢别人帮剪指甲	BP□□□□□
25. 不喜欢脸被别人碰和帮他洗脸，视洗头或理发为痛苦的事	BP□□□□□
26. 成人帮他拉袖口和袜子，或协助穿衣服而碰他皮肤时会引起他的反感	BP□□□□□
27. 游戏中或玩玩具时，担心别人从后面逼近，为此而苦恼	BP□□□□□
28. 到处碰，触摸不停，但又避免碰触毛毯和编织玩具的表面	BP□□□□□
29. 常常喜欢穿宽松的衣衫，不冷也喜欢穿毛线衫或夹克	BP□□□□□
30. 爱聊天或做无接触的交往，但很不愿意跟朋友打肩或做肌肤接触	BP□□□□□
31. 对某些布料很敏感，不喜欢有类布料所做的衣服	BP□□□□□
32. 对自己的食物很敏感，很容易动情，计划或结果改变时不能容忍	BP□□□□□
33. 对无所谓的瘀伤、小肿块、小刀伤等，总觉得很痛而诉怨不止	BP□□□□□
34. 顽固偏执不合作，一直坚持依自己的方式办事，对事没有灵活性	BP□□□□□
（四）发育期运用障碍	
35. 三四岁尚不会洗手，上厕所不会自行擦屁股	BP□□□□□
36. 三四岁尚不会使用筷子，或一直用汤勺吃饭，不会拿笔	BP□□□□□
37. 四五岁不会玩骑上、爬下或钻进去等大玩具	BP□□□□□
38. 五六岁不会站起来用脚荡秋千，不会攀绳网或爬竹竿	BP□□□□□

39. 穿脱袜子、衣服、扣纽扣、系鞋带等动作，向来非常慢，或做不来	BP□□□□□
40. 入学后尚不会自己洗澡，单脚跳、跳绳等都做不好也学不好	BP□□□□□
41. 入学后对拿笔写字、剪贴作业、着色等做得不好或非常慢	BP□□□□□
42. 饭桌上经常弄得很脏，成人要求他收拾书桌或玩具很困难	BP□□□□□
43. 做手工、做家务时很笨拙，使用工具抓握动作很不顺手	BP□□□□□
44. 动作懒散，行动迟缓不积极，做事很没效率	BP□□□□□
45. 常惹事，如弄翻碗盘，弄洒牛奶，从车上跌落等，需要家长特别保护等	BP□□□□□
（五）视觉空间、形态	
46. 在年幼时，玩积木总比别人差	BP□□□□□
47. 外出或远行时常达不到目的地，很容易迷失，不喜欢到陌生的地方	BP□□□□□
48. 蜡笔着色和铅笔写字不好，比别人慢，常超出轮廓或方格之外	BP□□□□□
49. 拼图总比别人差，对模型或图样的异同辨别常有困难	BP□□□□□
50. 混乱背景中的特定图形不易看出或认出	BP□□□□□
（六）本体觉（重力不安症）	
51. 内向，不喜欢出去玩，朋友少；沉默寡言，喜欢独处或帮家里做事	BP□□□□□
52. 上下台阶或过马路多迟疑，登高会觉得头重脚轻，不敢向外看或走动	BP□□□□□
53. 被抱起举高时，很紧张地要把着地，经可信赖人的帮助会安心配合	BP□□□□□
54. 害怕从高处跳到低处，对高处或有跌落危险时，表现非常害怕	BP□□□□□
55. 不喜欢把头倒置，如避免翻筋斗、打滚或参加室内打斗游戏活动	BP□□□□□
56. 对游乐设施不感兴趣，不喜欢移动性玩具	BP□□□□□
57. 对不寻常移动（如上下车、前座位移动后座位，走不平地面）动作缓慢	BP□□□□□
58. 上下楼梯很慢，并紧紧抓住栏杆	BP□□□□□
59. 旋转时，很容易失去平衡。车在行进中，转弯太快也会吓坏自己	BP□□□□□
60. 不喜欢在凸起的地面上走，总会抱怨或心中感到太高	BP□□□□□
（七）学习压力情绪反应	
61. 成绩暴落，神态恍惚，读书很容易分心，常有情绪行为问题	BP□□□□□
62. 脾气暴躁，自制能力差，打架、骂人等恶劣行为加剧	BP□□□□□
63. 对师长的要求或学习、环境等压力，常承受不了，易产生挫折感	BP□□□□□
64. 对自己的形象感觉不良，认为自己很差劲，产生情绪和行为问题	BP□□□□□

三、感觉统合测评核对结果表

附表3

姓名：　　　　性别：　　　　年龄：

感觉统合发展各种综合状况	起止题号	原始分数	T分数	评估描述
1. "前庭平衡和大脑双侧分化情况"部分	1—11			
2. "脑神经生理抑制困难"部分	12—20			
3. "触觉防御"部分	21—34			
4. "发育期运动障碍"部分	35—45			
5. "视觉空间和形态感觉状况"部分	46—50			
6. 本体觉"重力（地心引力姿势）不安症"部分	51—60			
7. "头晕、头痛，成绩暴落，心绪不佳"部分（7岁以上）	61—62			
8. "学习压力情绪反应"部分（7岁以上）	63—64			

测评教师：　　　　　　　　　　　　　年　　月　　日

附录2

《Conners儿童行为量表（TRS）》（教师问卷）

附表4

第1题　学生的姓氏________
第2题　学生的出生年月________
第3题　学生的性别________
第4题　在实验室学习时长________
第5题　扭动不停　□无　□稍有　□相当多　□很多
第6题　在不应出声的场合制造噪声　□无　□稍有　□相当多　□很多
第7题　提出要求必须立即得到满足　□无　□稍有　□相当多　□很多
第8题　动作粗鲁（唐突无礼）　□无　□稍有　□相当多　□很多
第9题　暴怒以及不能预料的行为　□无　□稍有　□相当多　□很多
第10题　对批评过分敏感　□无　□稍有　□相当多　□很多
第11题　容易分心或注意力不集中并成为问题　□无　□稍有　□相当多　□很多
第12题　妨碍其他儿童　□无　□稍有　□相当多　□很多
第13题　白日梦　□无　□稍有　□相当多　□很多
第14题　噘嘴和生气　□无　□稍有　□相当多　□很多
第15题　情绪变化迅速和激烈　□无　□稍有　□相当多　□很多
第16题　好争吵　□无　□稍有　□相当多　□很多
第17题　能顺从权威　□无　□稍有　□相当多　□很多
第18题　坐立不定，经常忙碌　□无　□稍有　□相当多　□很多
第19题　易兴奋、易冲动　□无　□稍有　□相当多　□很多
第20题　过分要求教师的注意　□无　□稍有　□相当多　□很多
第21题　好像不为集体所接受　□无　□稍有　□相当多　□很多
第22题　好像容易被其他小孩领导　□无　□稍有　□相当多　□很多

第23题	缺少公平合理竞赛的意识	□无	□稍有	□相当多	□很多
第24题	好像缺乏领导力	□无	□稍有	□相当多	□很多
第25题	做事有始无终	□无	□稍有	□相当多	□很多
第26题	稚气和不成熟	□无	□稍有	□相当多	□很多
第27题	抵赖错误或归罪他人	□无	□稍有	□相当多	□很多
第28题	不能与其他儿童相处	□无	□稍有	□相当多	□很多
第29题	与同学不合作	□无	□稍有	□相当多	□很多
第30题	在努力中容易泄气（灰心丧气）	□无	□稍有	□相当多	□很多
第31题	与教师不合作	□无	□稍有	□相当多	□很多
第32题	学习困难	□无	□稍有	□相当多	□很多

附录3

《Conners儿童行为量表（TRS）》（父母问卷）

儿童姓名：　　　　性别：　　　　年龄：　　　　年级：

被访人姓名：　　　　与儿童关系：母亲☐　父亲☐

请您根据孩子平时在家的真实表现填写下面48个与其行为有关的问题，每个项目按"无""稍有""相当多""很多"不同程度进行评价，其中"0"代表无，"1"代表稍有，"2"代表相当多，"3"代表很多。谢谢您的合作！

附表5

题目	无	稍有	相当多	很多
1. 某种小动作（如咬指甲、吸手指、拉头发）	0	1	2	3
2. 对大人粗鲁无礼	0	1	2	3
3. 在交朋友或保持友谊上存在问题	0	1	2	3
4. 易兴奋，易冲动	0	1	2	3
5. 爱指手画脚	0	1	2	3
6. 吸吮或咬嚼（拇指、衣服、毯子）	0	1	2	3
7. 容易或经常哭叫	0	1	2	3
8. 脾气很大	0	1	2	3
9. 白日梦	0	1	2	3
10. 学习困难	0	1	2	3
11. 扭动不发	0	1	2	3
12. 惧怕（新环境、陌生人、陌生地方、上学）	0	1	2	3
13. 坐立不定，经常"忙碌"	0	1	2	3
14. 破坏性	0	1	2	3
15. 撒谎或捏造情节	0	1	2	3
16. 怕羞	0	1	2	3
17. 造成的麻烦比同龄孩子多	0	1	2	3
18. 说话与同龄儿童不同（口吃、别人不易听懂）	0	1	2	3

题目	无	稍有	相当多	很多
19. 抵赖错误或归罪他人	0	1	2	3
20. 好争吵	0	1	2	3
21. 噘嘴和生气	0	1	2	3
22. 偷窃	0	1	2	3
23. 不服从或勉强服从	0	1	2	3
24. 忧虑比别人多（忧虑、孤独、疾病、死亡）	0	1	2	3
25. 做事有始无终	0	1	2	3
26. 感情易受损害	0	1	2	3
27. 欺凌别人	0	1	2	3
28. 不能停止重复性活动	0	1	2	3
29. 残忍	0	1	2	3
30. 稚气或不成熟（自己会的事要人帮忙，依缠别人，常需别人鼓励、支持）	0	1	2	3
31. 容易分心或注意力不集中并成为问题	0	1	2	3
32. 头痛	0	1	2	3
33. 情绪变化迅速剧烈	0	1	2	3
34. 不喜欢或不遵从纪律或约束	0	1	2	3
35. 经常打架	0	1	2	3
36. 与兄弟姐妹不能很好相处	0	1	2	3
37. 在努力中容易泄气	0	1	2	3
38. 妨害其他儿童	0	1	2	3
39. 基本上是一个不愉快的小孩	0	1	2	3
40. 有饮食问题（食欲不佳、进食中常跑开）	0	1	2	3
41. 胃痛	0	1	2	3
42. 有睡眠问题（不能入睡、早醒、夜间起床）	0	1	2	3
43. 其他疼痛	0	1	2	3
44. 呕吐或恶心	0	1	2	3
45. 感到在家庭圈子中被欺骗	0	1	2	3
46. 自夸和吹牛	0	1	2	3
47. 让自己受别人欺骗	0	1	2	3
48. 有大便问题（腹泻、排便不规则、便秘）	0	1	2	3

附录4

SNAP量表

儿童姓名：　　　　　性别：　　　　　年龄：　　　　　年级：

被访人姓名：　　　　　与儿童关系：母亲□　父亲□

　　请您根据孩子平时在家的真实表现填写下面18个与其行为有关的问题，每个项目按"完全没有""有一点点""有点多""非常多"不同程度进行评价，其中"0"代表完全没有，"1"代表有一点点，"2"代表有点多，"3"代表非常多。谢谢您的合作！

附表6

注意力不集中	完全没有	有一点点	有点多	非常多
1. 在学校做作业或者参与其他活动时，无法专注于细节的部分或出现粗心的错误	0	1	2	3
2. 很难持续专注于工作或游戏活动	0	1	2	3
3. 看起来好像没有听到别人对他（她）说话的内容	0	1	2	3
4. 没有办法遵循指示，也无法完成学校作业或家事（并不是由于对立性行为或无法了解指示内容）	0	1	2	3
5. 很难组织规划工作及活动	0	1	2	3
6. 逃避，表达不愿意，或很难从事需要持续性动脑的工作（如学校作业或家庭作业）	0	1	2	3
7. 会弄丢作业或其他活动所必需的东西（如学校作业、铅笔、书、工具或玩具等）	0	1	2	3
8. 很容易受外在刺激影响而分心	0	1	2	3
9. 在日常生活中忘东忘西	0	1	2	3

续表

多动—冲动	完全没有	有一点点	有点多	非常多
10. 在座位上玩弄手脚或不好好坐着	0	1	2	3
11. 在教室或其他必须持续坐着的场合，会任意离开座位	0	1	2	3
12. 在不适当的场合，乱跑或爬高爬低	0	1	2	3
13. 很难安静地玩或参与休闲活动	0	1	2	3
14. 总是一直在动	0	1	2	3
15. 话很多	0	1	2	3
16. 在问题没有问完前就急着回答	0	1	2	3
17. 在游戏或团体活动中，无法排队或等待轮流	0	1	2	3
18. 打断或干扰别人（如插嘴或打断别人的游戏）	0	1	2	3

附录5

教师—学生评定量表（T—CRS2.1）

被评学生姓名：_____　性别：男□　女□

评定人姓名：_____　学校名称：_____

日期：_____

请您根据学生在学校的表现填写下面32个问题，每个项目按"非常不同意""有点不同意""一般""有点同意""非常同意"5个程度进行评价，其中"1"代表非常不同意，"2"代表有点不同意，"3"代表一般，"4"代表有点同意，"5"代表非常同意。谢谢您的合作！

附表7

题目	非常不同意	有点不同意	一般	有点同意	非常同意
1. 自觉主动地学习	1	2	3	4	5
2. 打扰他人学习	1	2	3	4	5
3. 积极参加课堂讨论	1	2	3	4	5
4. 缺乏与同龄人交往的社会技能	1	2	3	4	5
5. 听课有困难	1	2	3	4	5
6. 能接受强加的限制	1	2	3	4	5
7. 退避、离群	1	2	3	4	5
8. 很容易交到朋友	1	2	3	4	5
9. 即使有事分心也干得不错	1	2	3	4	5
10. 经过同学过于挑衅	1	2	3	4	5
11. 在群体压力下能捍卫自己的观点	1	2	3	4	5
12. 其他同学回避和他一起玩耍	1	2	3	4	5
13. 成绩差（没有尽力去学）	1	2	3	4	5

续表

题目	非常 不同意	有点 不同意	一般	有点 同意	非常 同意
14. 能忍受挫折	1	2	3	4	5
15. 焦虑、担忧	1	2	3	4	5
16. 同学喜欢坐在他/她旁边	1	2	3	4	5
17. 没有大人帮助也做得很出色	1	2	3	4	5
18. 不服管、固执、犟嘴	1	2	3	4	5
19. 乐于表达意见	1	2	3	4	5
20. 与同龄人交往有困难	1	2	3	4	5
21. 学习动机不强	1	2	3	4	5
22. 善于应对失败	1	2	3	4	5
23. 不安、害怕、紧张	1	2	3	4	5
24. 有很多朋友	1	2	3	4	5
25. 能按时完成作业	1	2	3	4	5
26. 在课堂上捣乱	1	2	3	4	5
27. 做领头人时表现得轻松自如	1	2	3	4	5
28. 其他同学不喜欢这个他	1	2	3	4	5
29 注意力不集中，容易分心	1	2	3	4	5
30. 能接受不如意的情况	1	2	3	4	5
31. 不表达情感	1	2	3	4	5
32. 很受同学喜欢	1	2	3	4	5

附录6

《自闭症儿童社会技能评定量表》（ASSS）

一、基本信息

儿童姓名：　　　　儿童性别：　　　　儿童年龄：　　　　填写人：

在读学校：

学校类型：①特殊教育学校；②随班就读学校；③康复机构

医院诊断结果：

二、本量表采用五级计分法，每级计分标准如下：

0——从未：儿童从来没有表现出该技能。

1——偶尔：儿童几乎没有（零星一两次）表现出该技能（其日常生活中很少看到该技能）。

2——有时：儿童有时表现出该技能。

3——常常：儿童大多数时间表现出该技能。

4——总是：儿童在多种场合、多种环境中持续表现出该技能。

请你依据平时对孤独症儿童大量不同环境的观察和了解，在最符合儿童目前水平的选项上画"√"。

附表8

编号	题目	选项				
一、社会倾向						
1	能注意到他人的肢体动作或手势（如当有人向他招手时，能看招手的动作）	0	1	2	3	4
2	能注意到他人的眼神（如有人在面前时，会自然地抬头看他人的眼睛）	0	1	2	3	4

编号	题目	选项				
3	能注意到他人的面部表情（如有人在面前时，会自然地抬头看他人的面部表情）	0	1	2	3	4
4	对他人的声音有反应（如当有人在旁边说话或叫自己名字时，会扭头寻找声源）	0	1	2	3	4
5	当其他人说话时，能去倾听	0	1	2	3	4
6	能注意到周围其他人的活动	0	1	2	3	4
7	能注意到社交情境中的主要信息和次要信息（如当看到两个小朋友在玩时，注意到的主要信息是两个小朋友玩的活动，而不是小朋友衣服的颜色）	0	1	2	3	4
8	能引导他人注意（如当看到有趣或好玩的东西时，会用手指指给别人看）	0	1	2	3	4
9	能跟随他人注意（如当叫他看东西时，能往手指指的方向看去）	0	1	2	3	4
10	能同时注意到他人的口语和非口语信息（如在听他人说话的同时，眼睛也看着他）	0	1	2	3	4
二、社会认知						
11	能辨认出常见的肢体动作或手势	0	1	1	3	4
12	能识别高兴、不高兴的面部表情	0	1	2	3	4
13	能识别生气、害怕的面部表情	0	1	2	3	4
14	能读懂他人肢体动作或手势所表达的含义（如点头表示"同意"，摇头表示"拒绝或不同意"，伸手表示"要"，他人站起来表示"离开"）	0	1	2	3	4
15	能读懂他人眼神所表达的含义（如能从他人眼神看出他人是高兴、生气了）	0	1	2	3	4
16	能理解引起情绪的原因（如知道他人为什么高兴、生气等）	0	1	2	3	4
17	能读懂他人音量变化所表达的意义（如老师有时大声说话，表示老师生气了；老师强调某句话表示"提醒他注意"）	0	1	2	3	4
18	能理解他人的声调不同，其传递出的情绪信息也不同	0	1	2	3	4
19	能理解简单的游戏规则或活动规则	0	1	2	3	4
20	能听懂日常生活中的大多数指令	0	1	2	3	4

编号	题目	选项				
三、社会沟通						
21	当遇到困难时，能以恰当的方式寻求别人的帮助（如用祈求的眼神看着他人或指着某个东西要求帮忙，或用语言表达"帮帮我"，而不是哭闹等异常行为）	0	1	2	3	4
22	能向他人提供帮助	0	1	2	3	4
23	能主动和他人打招呼（指独立完成，不是老师或家长协助或提示）	0	1	2	3	4
24	能介绍自己和他人（如"我叫……这是王老师"）（不含提示或协助）	0	1	2	3	4
25	能分享（如与同伴分享玩具、分享信息、分享自己的兴趣）	0	1	2	3	4
26	能提问以获取信息（为了解信息，会问他人是什么、在干什么、在哪里、为什么等问题）	0	1	2	3	4
27	能邀请他人加入自己的游戏或活动中	0	1	2	3	4
28	能以恰当的方式回应他人（如以手势、面部表情、眼神或口语等方式回应他人打招呼，回应他人游戏邀请、回应他人的问题等，而不是以哭闹等异常行为回应）	0	1	2	3	4
29	能对自己或同伴的活动发表看法（如我搭的积木很高，你搭的矮）	0	1	2	3	4
30	当别人伤心或受伤害时，能安慰他人（如别人说别哭了或给予拥抱）	0	1	2	3	4
31	能表达情感（指的是表达高兴、喜欢、不喜欢、害怕等，如我今天很高兴、我很喜欢、我好害怕）	0	1	2	3	4
32	能赞美他人	0	1	2	3	4
四、社会参与						
33	愿意参与他人的游戏或活动	0	1	2	3	4
34	能参与一对一的互动	0	1	2	3	4
35	能参与一对二的互动	0	1	2	3	4
36	能参与小组的互动（三人以上的活动）	0	1	2	3	4
37	能参与集体活动（指在全班班级教学活动）	0	1	2	3	4
38	能参与游戏活动	0	1	2	3	4

续表

编号	题目	选项				
39	能参与点餐时间的活动（如点心时间或午餐时间）	0	1	2	3	4
40	能参与结构性的教学活动（如音乐课、美术课、实用语文课等）	0	1	2	3	4
41	能参与自由活动（如在下课时间或自由游戏中能参与到他人的活动中去）	0	1	2	3	4
五、自我调控						
42	当要求没被满足时，能不发脾气	0	1	2	3	4
43	当与他人意见不一致时，能妥协（如当老师要求干别的事情，而自己想干自己的事情，能妥协，听从老师的安排）	0	1	2	3	4
44	能约束自己的行为（如上课不讲话、不乱跑、听从老师安排、不随便拿别人东西）	0	1	2	3	4
45	能够遵守简单的游戏或活动规则	0	1	2	3	4
46	当常规活动突然改变时，能接受	0	1	2	3	4
47	在游戏或对话中，能等待（如老师要求需等一会儿才给予玩的东西，能等待）	0	1	2	3	4
48	在游戏或对话中，能轮流	0	1	2	3	4
49	能经过他人允许后，才行动（如上课时，经过老师允许才离开座位或教室；而不是自己突然站起来乱跑）	0	1	2	3	4
50	告诉他不能做某件事情时，能够接受、不会乱发脾气	0	1	2	3	4

参考文献

［1］刘朦朦，赵微.普通学校融合教育课程设计与实施的关键要素［J］.现代特殊教育，2023（3）：21-23.

［2］王晓倩.基础教育课程评价改革廿年研究（1999—2019）［D］.开封：河南大学，2020.

［3］刘明清，谢翌.适异而评：融合教育课程评价的实践探索与理论构想［J］.教育学术月刊，2022（7）：105-112.

［4］赵勇帅，邓猛.西方融合教育课程设计与实施及对我国的启示［J］.中国特殊教育，2015（3）：9-15.

［5］燕学敏.中小学课堂差异教学评价体系的建构与反思［J］.教育理论与实践，2021，41（11）：33-37.

［6］倪娟，沈健.中小学课程评价改革：主要问题及可能对策［J］.教育发展研究，2011，31（8）：18-23.

［7］罗生全.全面而有质量的人的发展：课程评价的价值归属［J］.教育发展研究，2020，40（10）：3.

［8］钱洁，缪建东.破解家长教育焦虑的可能路径：构建促进学生全面发展的教育评价体系［J］.中国教育学刊，2021（9）：38-43.

［9］杜楠，周福盛.论教育评价中人的理性回归：从"抽象的人"到"具体的人"［J］.中国考试，2021（9）：13-22.

［10］刘志军.课程评价的现状、问题与展望［J］.课程·教材·教法，2007（1）：3-12.

［11］魏寿洪.孤独症儿童社会技能评定量表的编制［J］.中国康复理论与实践，2017，23（4）：449-454.

［12］卡罗尔·格雷.社交故事新编［M］.北京：华夏出版社，2016.

［13］赵伟志.自闭症儿童社会交往干预课程的研究与实践［D］.上海：华东师范大学，2020.

［14］王永固，党昕，张庆，李晓娟.社会故事绘本教学改善孤独症儿童打招呼和分享行为的干预研究［J］.中国特殊教育，2018（3）：23-30.

［15］吕文静.社会故事法对孤独症儿童课堂问题行为干预效果研究［D］.大连：辽宁师范大学，2020.

［16］黄美慧，钮文英.社会故事对广泛自闭症者介入成效之分析［J］.特殊教育与复健学报，2010（22）：1-23.

［17］罗小玲.社会故事法干预中度自闭症儿童社交技能的个案研究［D］.成都：四川师范大学，2020.

［18］王小萌.小学四年级学生注意力训练活动的设计与实践研究［D］.西宁：青海师范大学，2020.

［19］刘曦.多动倾向儿童干预训练的个案研究［D］.昆明：云南师范大学，2016.